HISTOIRE GÉNÉALOGIQUE

DE LA

MAISON DE MURINAIS

ET DE SES

TITRES HONORIFIQUES

PAR

P. ALLOIGNET.

MAILLE A MAILLE SE FAIT L'AUBERJON VAINCRE OU MOURIR

SAINT-MARCELLIN

IMPRIMERIE A. GIROUD, GRAND'RUE.

15 Août 1887

HISTOIRE GÉNÉALOGIQUE

DE LA

MAISON DE MURINAIS

ET DE SES

TITRES HONORIFIQUES

HISTOIRE GÉNÉALOGIQUE

DE LA

MAISON DE MURINAIS

ET DE SES

TITRES HONORIFIQUES

PAR

P. ALLOIGNET.

SAINT-MARCELLIN

IMPRIMERIE A. GIROUD, GRAND'RUE.

—

1887

Madame la Marquise,

L'honneur que vous m'avez accordé de rechercher dans les archives de votre illustre Maison les preuves de son ancienne gloire, a été pour moi une vive joie, qui m'a permis de faire revivre, avec son histoire, celle d'une partie de notre belle province du Dauphiné.

En vous priant d'agréer mon modeste travail, je suis heureux de pouvoir vous donner un témoignage de ma vive gratitude.

Agréez, Madame la Marquise, l'hommage du profond respect

de votre très humble serviteur,

P. ALLOIGNET.

AVANT-PROPOS

Les Écrivains auxquels l'histoire du Dauphiné est redevable d'ouvrages déjà nombreux, n'ont pu qu'imparfaitement encore éclaircir bien des points longtemps restés obscurs de l'histoire locale des diverses parties de cette province.

A une époque, comme la nôtre, où on recherche avec une curiosité si louable, pour les mettre au jour, les documents propres à augmenter la connaissance des temps reculés, l'histoire des de Murinais ne pouvait rester indéfiniment dans l'oubli. La sympathie constante que cette famille a obtenue dans les environs de Saint-Marcellin, a eu pour heureux résultat de la mettre à l'abri des actes si nombreux de brigandage commis lors de la Révolution française. C'est ainsi que les archives ont pu être conservées intactes au château de Murinais et qu'il nous a été donné de puiser à des sources sûres, l'histoire que nous allons écrire. Aucun fait avancé dans le livre ne sera reproduit qu'avec l'appui de pièces parfaitement authentiques.

En tête de cet ouvrage nous placerons le tableau généalogique. Nous ferons remarquer que jusqu'à la fin du quinzième siècle, les dates en général sont celles trouvées dans des actes passés entre membres de la famille, et non les dates de naissance. Ces actes sont, pour la plupart, des transactions entre pères et enfants, et le fils fait figurer ordinairement le nom de son père, ce qui nous a permis d'établir la généalogie.

Outre la modeste part que nous apporterons ainsi à l'édifice des annales de notre province, nous verrons dans ce passé, dont aucune tache ne vient ternir l'honneur, ce que peut la bonté unie à la richesse pour aider le malheureux et être le soutien de sa faiblesse.

Nous avons l'espoir que ces détails historiques offriront quelqu'intérêt, surtout à un public Dauphinois, et c'est ce sentiment qui nous enhardit à les livrer à la publicité.

TABLEAU GÉNÉALOGIQUE DE LA MAISON DE MURINAIS
DEPUIS 1012 JUSQU'A 1860.

1012 Hermes.
....
|

1092 Guilhem. Pierre.
....
|

1135 Jean. Isabeau.
....
|

1191 François. Béatrix.
....
|

1221 Antoine. François. Hugonnette. Claudine.
....
|

1255 Pierre. Alleman. Claude. Jeanne. Jousserande, Louise. Antoinette.
....   Guitto de Rochecondrieu.
|

1288 Sibut.
Alix de Chatte.
|

1315 Pierre. Anselme.
....
|

1335 Falcon.
....
|

1370 Allemand. Aynarde. Odobert,
Clauda de Girbays. Artaud du Puy. chevalier de St-Jean.
Catherine de Béranger. | de Jérusalem.
        1413 Falcon. François. Antoine, Marguerite. Jeanne,
        Alix de Chatte. Catherine de cardinal. Boniface de St-Geoirs.
        | Bellecombe.

1433 Jean. Odobert.
Claudine de Rivail. chevalier de St-Jean.
|

1464 Guigues. Jean. Antoine. Jeanne. Lyonnette — Anne et Antoinette.
Claudine de Marguerite de
Bressieu. Beauvoir.
Isabelle de Revel.
|

1501 Gaspard. Girard. Aymard. Claude, Antoinette.
Clauda d'Izerand. Ennemonde prêtre, gd prieur Jean de Montchenu,
| de Soffray. de l'Ile Barbe. seigneur de la Balme.

1541 Laurent. Claudine. Françoise.
Françoise de Brochenu. Aymard d'Auberjon. Claude du Vache de St-Vérand,
Marguerite Allemand. | seigneur de Peyrins.

    1580 Jacques. Françoise. Jeanne.
    Catherine du Mottet. Balthazard de Murinais. Fassion de Ste-Jay.
    |

    1612 Bertrand. Hippolyte. Anne. Clauda, Gabrielle,
    Marguerite de Horace du Claude Françoise,
    Bonrepos. Rivail. d'Izerand. religieuses.
    |

    1644 Ennemond Bernard. Charles, Joseph. Thérèse, Alix,
    Catherine de Levrone. chevalier de Malte, de Jouffray.
    | chanoine de St-Ruff.

    1667 Pierre-Joseph. Charles, capitaine au régiment de Chevreuse,
    Geneviève de Brèves. chevalier de St-Louis.
    |

    1728 Guy-Joseph-François. Antoine-Victor.
    Geneviève de la Vieuville de St-Chamond. Jeanne de Charnoy.
    |

    1759 Guy-Joseph-Timoléon. Antoine-Louis-Victor. Nicole. Geneviève.
    Rosalie de Loras. de la Forêt Divonne. Comte de Marquis
    | Malyvert. de Costa.

    1804 Charles-Antoine. Adélaïde-Louise- Aglaé. Françoise-Laurence,
    Henriette de Loras. Mélanie, morte Baron de morte sans alliance.
    Adèle du Parc. sans alliance Viry.
    en 1857.

TABLEAU GÉNÉALOGIQUE DE LA MAISON DU PUY

Depuis 1096 jusqu'à son alliance avec la maison de Murinais en 1450.

1096 Hugues du Puy. .... de Poisieu.					
1115 Alleman Ier, Véronique Odemar.	Rodolphe.	Romain.		Raimon, grand maitre de St-Jean de Jérusalem.	
1147 Hugues, Florie de Moirane.	Guillaume.				
1229 Alleman II.					
1282 Alleman III. Béatrix Artaud.	Eynier.				
1316 Alleman IV. Éléonor Alleman.	Bastet.	Florimon.	Ripert. Eléonore de Darfort.	Hugues. Arnaude de Rosans.	Agnès. Hugues de Bardonèche.
1342 Alleman V. Aynarde des Rollans					
1390 Gillet Ier, Alix de Bellecombe.	Eynier.				
1416 Gillet II. Florence de Hauteville.	Artaud Allemand, Aynarde de Murinais,	} qui ont continué la branche du Puy de Murinais.			

TABLEAU GÉNÉALOGIQUE DE LA MAISON D'AUBERJON

Depuis 1260 jusqu'à 1540, époque où elle se continue dans le tableau généalogique de la maison de Murinais.

1260 Hugues d'Auberjon.			
1275 Guillaume.			
1305 Humbert. Izabeau Alleman.			
1334 Guillaume. Ennemonde de Claveyson.			
1388 Pierre. Alize d'Hauteville.			
1440 François. Eléonore de Falcoz.	Humbert.	Guillaume.	
1480 Jean Ier. Izabelle de Chambarand.	Hector. Antoinette de Bassey.		
1515 Jean II. Marguerite de Marchand.	Humbert.	Méraude. Jacques Boiul de St-Geoirs.	
1540 Aymard, Claudine de Murinais, qui continuent la branche d'Auberjon de Murinais.	Claire. Claude de Fression.	Jeanne. Aymar d'Alleman.	Aymare, Madeleine, Isabelle, religieuses.

HISTOIRE GÉNÉALOGIQUE

DE LA

MAISON DE MURINAIS

CHAPITRE I.

Dans une des nombreuses vallées formées par le plateau de Chambarand, sur le versant qui se termine dans la plaine du Graisivaudan, on rencontre à sept kilomètres de la ville de Saint-Marcellin un charmant petit village, appelé *Murinais*.

Sa situation topographique et sa composition géologique en font une des plus riches communes du canton de Saint-Marcellin.

Les deux vallées principales, celle de Murinais et celle du Bas-Murinais, sont séparées par une colline à arrête vive, sur laquelle est construit le Château de Murinais, berceau de l'illustre famille dont nous essayerons de retracer l'histoire. La

composition du sol est fortement argileuse mélangée
de calcaire et d'un peu de silice. Sa fertilité est
supérieure à celle de bien des communes voisines
pour les récoltes de céréales, de noix et de vins.
La population n'a jamais été bien nombreuse,
toutefois la présence d'un juge et d'un notaire,
habitant Murinais jusque vers 1700, ferait supposer
autrefois une importance plus grande par le nombre
des habitants à celle de l'époque actuelle.

La date la plus reculée que nous fournit un
document authentique sur peau de parchemin est
un albergement ou location de terre consentie par
Hermes de Murinais, qualifié du titre de Seigneur
de Murinais, à la date de 1012. Hermes, à cette
époque, habitait Murinais ; il devait sans doute y
être né, et sa famille y habiter depuis longtemps
déjà, puisque la maison forte ou château qu'il
habitait portait son nom. A cette date, la composition en fief du territoire actuel est peu connue.
Nous savons cependant que la majeure partie était
en bois et que la Maison de Murinais possédait
seulement quelques terres qu'elle donnait en location. Cette maison forte était bâtie sur le mamelon
à 500 mètres au nord du château actuel de
Murinais, dans une position défensive inexpugnable.

Cet ancien château fut habité jusque vers la fin
du xviiᵉ siècle. Le château actuel fut bâti vers 1200,
à la place où il est encore aujourd'hui. Il s'appelait
alors de la Balme et fut depuis cette époque la résidence des cadets de la famille de Murinais.

L'acte d'albergement fait en 1012 par Hermes
de Murinais nous fait supposer, ainsi que nous
l'avons dit, que sa maison forte existait déjà depuis
longtemps.

Ordinairement à ces époques reculées, lorsqu'une
famille noble achetait des terres dans une localité
peu ou pas peuplée, elle faisait construire une demeure fortifiée à cause des troubles et guerres si
fréquents, soit entre Etats, soit entre maisons nobles
rivales. Ces maisons fortes bâties ainsi étaient dé-
nommées du nom de leurs possesseurs, ainsi que
l'étendue de leurs domaines. C'est là l'origine du
nom de la terre et de la commune actuelle.

CHAPITRE II.

Une transaction intervenue en l'an 1092 entre Guilhem, seigneur de Murinais, et Pierre Thomas, son frère, marque qu'ils étaient fils de Hermes. Guilhem eut deux enfants, Jean et Isabeau. Jean testa en 1135, il laissait deux enfants, François et Béatrix; François vivait en 1191. Les actes qui nous ont permis de reconstituer ces dates et cette descendance ne nous donnent pas les noms des femmes de ces de Murinais.

François de Murinais eut quatre enfants : Anthoine, François, Hugonette et Claudine. Un parchemin de 1247 nous apprend que François, frère d'Anthoine et fils de François, acheta une maison à Peyrins; l'acte fut passé en présence de Guigues Dauphin, comte d'Albon et de Vienne. Anthoine, fils de François, vivait en 1221; il eut trois fils : Pierre, Alleman et Claude, et quatre filles : Jeanne, Jousserande, Louise et Antoinette.

Des actes nous apprennent que Pierre de Murinais vivait en 1255. En 1288, des contestations avaient été élevées par Guitto de Rochecondrieu, mari de Jousserande, au sujet de sa part d'héritage. Une transaction fut passée entre elle et Sibut de Murinais, son frère ; dans cette transaction ils se qualifient de fils de Pierre de Murinais.

Cet acte donne à Sibut le titre de *militis*, chevalier, dignité la plus élevée de ce temps-là. Cette transaction fut passée dans la maison curiale de Vaux, en présence de Guitto de Moirans et de noble de Heyrieux. Sibut de Murinais eut de sa femme Alix, deux fils, Pierre et Anselme. Il leur laissa en héritage ses biens de Peyrins, les châteaux et domaines de la Forteresse, Saint-Etienne-de-Saint-Geoirs et Sillans.

Jean Dauphin de Viennois possédait à cette époque la forêt de Chambarand, des bois à Têche et le bois de Pierraz à Murinais.

Il possédait en outre à Murinais des terres autour de la maison forte de la Balme, actuellement le château de Murinais, et cette maison de la Balme qu'un de ses ancêtres avait fait construire. Plusieurs fois, lorsque la famille delphinale résidait à Beauvoir, les Dauphins vinrent habiter la Balme.

CHAPITRE III.

Pierre et Anselme de Murinais s'étaient partagé
les domaines paternels. Anselme avait gardé le
château et la plupart des biens de Murinais. Pierre
avait pour sa part les possessions de la Forteresse,
Saint-Etienne et Sillans. Désirant réunir tous leurs
biens et agrandir le domaine paternel de Murinais,
ils consentirent tous deux à des échanges avec le
Dauphin Jean de Viennois.

Le 16 février 1315, dans la chambre basse du
château de Beauvoir, en présence de Rosset,
notaire, Pierre de Murinais remit au Dauphin Jean
tout ce qu'il possédait dans les territoires de Saint-
Etienne-de-Saint-Geoirs, la Forteresse et Sillans,
ses possessions et ses châteaux, avec son droit
d'exercice de la haute, moyenne et basse justice,
toute juridiction et coertion, ainsi que les moulins,
cens, rentes, usages et hommages d'hommes et
tout droit qu'il aurait à prétendre.

De son côté, Jean Dauphin céda à Pierre de Murinais les possessions et les droits qu'il avait à Murinais en ces termes :

« En l'année de Notre-Seigneur 1315 et le seizième jour de février, dans la chambre basse du château de Beauvoir-en-Royannais, en présence de moi notaire et des témoins soussignés, se sont constitués l'illustre et très puissant seigneur Jean Dauphin de Viennois, d'une part; le seigneur Pierre de Murinais, d'autre part : les susnommés seigneurs Jean Dauphin et Pierre de Murinais ont fait les échanges qui suivent, savoir : que ledit seigneur Dauphin donne et livre par le présent échange à Pierre de Murinais tous les biens, droits, actions et réquisitions qu'il possède dans la châtellenie et territoire de Murinais, de même aussi que le droit et pouvoir de haute, moyenne et basse justice, toute juridiction et coertion, ainsi que les moulins, cens, usages et quelque droit que ce soit. Dans cet échange sont compris les moulins que le seigneur Dauphin possède et son abandon de tout droit sur ceux qui pourraient être bâtis ; il lui remet aussi les cens ou rentes de blé, argent, les usages et hommages d'hommes. En retour, en vertu de cet échange, Pierre de Murinais remet au seigneur Dauphin, qui l'accepte pour lui et les siens, tout ce qu'il possède dans les territoires de la Forteresse, Sillans et Saint-Etienne dans les termes marqués plus haut. Le seigneur de Murinais se réserve le droit de rachat au même prix de tout ce que le

seigneur Dauphin ou les siens pourraient acquérir
à l'avenir dans le territoire de Murinais. Fait à
Beauvoir en présence des témoins, les seigneurs
Villènes de Billossin, Guigues de Tollin, Henry de
la Tour seigneur de Vinay, Pierre de Hilbeys,
Rudolphe de Moirans et de Guillaume Rosset,
notaire. »

Cet acte avait été précédé d'un autre échange
passé à Clermont entre Anselme de Murinais et le
même Jean Dauphin. Anselme cédait au Dauphin
des rentes et cens et recevait de lui ses droits sur
une partie de la forêt de Chambarand, la propriété
du bois de Têche et du bois de Pierraz à Murinais.
Ces actes d'échange sont d'une telle importance
pour la suite de l'histoire de la commune et de la
famille de Murinais, que nous sommes conduits à
donner quelques explications sur l'état des choses à
cette époque. La famille delphinale possédait des
biens importants à Murinais, qu'elle y avait acquis
à diverses reprises. Elle y avait fait construire la
maison forte de la Balme, qui avait été donnée à
un des cadets de la famille. Celui qui l'habitait à
cette époque était Henry de la Tour, seigneur de
Vinay, témoin qui a signé à l'acte d'échange.

Les Dauphins souverains de la province du
Dauphiné avaient droit aux hommages des familles
nobles. Nous voyons par cet acte que Jean Dauphin
céda à Pierre de Murinais ses droits aux hommages
des familles nobles du territoire de Murinais. Fait
rare et important à constater à cette époque et qui

jette une grande lumière sur l'autorité et la force
de la maison de Murinais. En effet, nous voyons
par l'acte que Pierre de Murinais cédait lui les
hommages d'hommes auxquels il avait droit dans
les territoires de la Forteresse, Sillans et Saint-
Etienne-de-Saint-Geoirs, et recevait le même droit
du Dauphin. Par cet acte, le Dauphin ne gardait en
propriété que la maison forte de la Balme, qui avait
été donnée en part dotale à Henry de la Tour.

Cet échange parle des moulins que le Dauphin
possédait à Murinais. Ces moulins étaient au lieu
dit du Vivier, où il y avait un étang. Ceux que l'on
se proposait de construire sont ceux qui existent
encore aujourd'hui et dont il sera parlé dans la suite.

Une des conséquences de cet échange fut que
deux ans plus tard Pierre de Murinais obligea les
nobles dont il était suzerain à lui prêter hommage.
Les actes notariés de ces hommages sont relevés
et existent à la Cour des Comptes de Grenoble. Ils
nous ont permis de connaître exactement la composition en fiefs, à cette époque, du mandement de
Murinais.

Il y avait alors trois maisons fortes nobles : celle
de Brochenu, habitée par les frères Pierre et Mallein
de Brochenu; celle de la Rivaillère, dans la vallée
d'Argentenant, habitée par les de Rivail, et celle
d'Izerable, possédée par la famille d'Izerable. Outre
les seigneurs de ces maisons fortes, d'autres familles
nobles des communes voisines et qui possédaient
des biens à Murinais, furent obligées de prêter

hommage. Nous trouvons les noms de nobles Guigues Erias, Hugues de Cart, Pierre de Rostaing, Henry Lobet, qualifiés d'hommes liges de Pierre de Murinais. Nous ferons brièvement, lorsque le moment en sera venu, l'histoire de chacune de ces familles dans leurs rapports avec la maison de Murinais.

Depuis cette époque, nous ne trouvons plus aucun acte d'Anselme de Murinais.

Quelques années plus tard, lorsqu'en 1343 Humbert Dauphin céda ses États au roi Philippe VI, il y eut en Dauphiné deux partis qui rendirent impossible la soumission de cette province; ce ne fut que Louis XI, après la mort de son père, qui put entrer en Dauphiné et en faire la complète pacification. Il fit prisonnier Gabriel de Roussillon, seigneur du Bouchage, qui lui résistait, et le fit mettre en prison à Beaurepaire. Il le fit passer en jugement comme criminel. Mais Gabriel de Roussillon mourut pendant les débats.

Pierre de Murinais rencontra parfois de la résistance pour soumettre à son autorité les chefs des familles nobles dont il était suzerain. Il fut obligé, en 1344, de contraindre Guigues de Rivail, possesseur du fief d'Argentenant, à lui prêter hommage. Il le fit à la manière des nobles, debout, comme étant un homme libre et franc, et en baisant Pierre de Murinais sur la bouche, en signe de fidélité et d'hommage. C'est le dernier acte que nous avons de Pierre de Murinais.

CHAPITRE IV.

Pierre de Murinais laissa un fils, Falcon. Pierre mourut probablement vers 1347, car, ainsi qu'il en était alors l'usage en prenant possession d'un fief, Falcon, son fils, prêta hommage au Dauphin Charles de France le 15 mai 1349; il est dit sur l'acte qu'il avait pris possession de son héritage en 1347. Plusieurs actes ayant seulement pour objet des acquisitions de biens nous laissent supposer que Falcon vécut retiré au château de Murinais, sans prendre part aux événements de son temps. Il acheta d'un nommé Jacques de Morelle l'étang qui dessert les moulins, les vignes du Bru, en 1385, et un pré à Menenas. En 1390, Falcon fit l'acquisition de la maison forte de la Balme, seul bien qui fut excepté par les Dauphins sur le territoire de Murinais lors de l'échange de 1315.

Nous avons vu qu'en 1315 ce château appartenait à Henry de la Tour, seigneur de Vinay. L'acte

d'achat relate les possesseurs de ce château après
Henry de la Tour. En 1318, Antoine de la Tour,
son fils et son héritier, vendit ce château de la
Balme à noble Antoine Lobet. Son fils Humbert
Lobet prêta hommage au roi Dauphin en 1345.
L'acte d'achat par Falcon de Murinais est de 1390.
Il y est dit que Lanthelme Lobet, fils d'Humbert
Lobet, vendait à noble et puissant Falcon de
Murinais cette maison forte de la Balme, avec
l'autorisation d'Antoine de la Tour, seigneur de
Vinay. Les privilèges et droits attachés à la possession de ce château en qualité de seigneurie
directe, étaient transmis à Falcon, et il en reçut
l'investiture d'Antoine de la Tour, à Vinay, dans
sa demeure, où l'acte fut passé. Avec cette investiture, Falcon reçut le droit pour l'exercice de la
haute, moyenne et basse justice pour ce fief et ses
terres, ainsi que les droits de cens et d'hommages.
Falcon fit à Lobet une obligation de 1,300 florins
d'or, prix de cet achat. Falcon de Murinais mourut
peu après cette acquisition. C'est le dernier acte
public que nous possédons de lui. Il laissa trois
enfants : Allemand, Odobert et Aynarde de Murinais. En prenant possession de son héritage,
Allemand convoqua, vers la fin de 1390, les
habitants de Murinais pour prestation d'hommage.
Ils vinrent tous, y compris ceux de la Balme, qui,
auparavant, ne relevaient que du seigneur de la
Balme; désormais, tous les fiefs de Murinais dé-
pendirent de la maison de Murinais.

CHAPITRE V.

En 1390, Allemand épousa Clauda de Girbays.
A ce mariage assistèrent tous les chefs des familles
alliées aux de Murinais; on lit sur le contrat les
signatures de Geofroy de Claveyson, Guillaume de
Rossillon, Henri de Vallein, Gilles de Corps, Amédée
de Miribelle, François de Châteauvillain, Antoine
de la Tour de Vinay, Jacques de Rossillon, Aymard
de Clermont, Guigues d'Allemand, Falcon de Mons,
Pierre de Saint-Geoirs de Beaucressant, Hugues de
Bocsozel d'Ecloses, Jean d'Hauterive, Pierre de
Buffevant, Guigues de Pont-de-Beauvoisin; la mère
de Mlle de Girbays était née de Claveyson. — Mais
la mort de Clauda de Girbays, survenue quelques
mois après, plongea Allemand dans la douleur.
Voyant que son frère Odobert n'avait pas d'enfants,
Allemand se remaria en 1396 avec Catherine de
Beranger du Guas. Le mariage fut célébré dans la
chapelle du château d'Iseron, et nous trouvons

parmi les signataires de ce contrat Artaud Allemand
du Puy, qui avait épousé depuis peu Aynarde de
Murinais, sœur d'Allemand de Murinais.

Allemand et Odobert de Murinais moururent
sans enfant. Ils laissèrent tous leurs biens de
Peyrins, Montrigaud, Montamet, Iseron, Beauvoir,
Saint-André-en-Royans et leurs possessions et
château de Murinais à Aynarde de Murinais, leur
sœur, mariée à Artaud Allemand du Puy. Par leur
testament, ils obligèrent Artaud du Puy à prendre
pour lui et ses successeurs le nom et les armes de
Murinais.

CHAPITRE VI.

Par la mort d'Allemand et d'Odobert de Murinais s'éteignait la branche de cette ancienne et puissante famille de Murinais en ligne directe, pour se continuer par la descendance issue du mariage d'Aynarde avec Artaud du Puy. Nous donnerons ici par quelques détails historiques, l'origine des du Puy. Cette famille était originaire du village de Peyrins, près de Romans. En 1096, Hugues du Puy, le premier dont la descendance puisse être suivie d'une manière sûre, accompagnait Girard de Rossillon, chef des chevaliers dauphinois, dans l'expédition pour la Terre-Sainte, sous le règne de Philippe Ier. Tous les historiens qui parlent des nobles dauphinois qui se distinguèrent contre les Turcs parlent de ce Hugues du Puy. Il fit preuve d'une grande valeur au siège de Nicée, soutenu contre Soliman. Sa femme, de Poisieu, l'avait suivi en Terre-Sainte avec ses fils Alleman, Rodolphe,

Raimon et Romain. Raimon se trouva avec son père et ses frères lors de la prise de Jérusalem, sous la conduite de Godefroy de Bouillon. Il s'appliqua avec tant de zèle à soigner les blessés et les malades, qu'il fut nommé grand-maître de l'Hôpital, appelé aussi Ordre de Saint-Jean-de-Jérusalem. Alleman du Puy, fils de Hugues, revint en Dauphiné et s'adonna à l'administration de ses biens. Nous retrouvons pendant huit générations des membres de cette famille aux premiers rangs des Croisés en Terre-Sainte, ou sous les ordres des Dauphins pour la gloire de leur pays. Gilles du Puy, père d'Artaud Allemand du Puy, dont nous avons parlé lors de son alliance avec Aynarde de Murinais, habitait Peyrins. Il eut sept enfants. L'aîné, Gilles du Puy, second du nom, continua la branche des du Puy et habitait Hauteville, près d'Hautichamp, qu'il avait reçu de Florence d'Hauteville, sa femme.

Après la mort de ses beaux-frères, Allemand et Odobert de Murinais, Artaud du Puy de Murinais vint habiter avec sa femme le château de la Balme. Il fit, en 1402, prêter hommage par tous les habitants de Murinais et par les chefs des familles nobles qui habitaient sur son territoire; nous lisons sur cet acte d'hommage le nom de noble Guillaume de Tourneuf.

Artaud de Murinais eut à trancher une difficulté d'intérêt avec Guillaume du Vache de Saint-Vérand, pour des biens de Peyrins donnés en dot à sa sœur lors de son mariage avec Guillaume du Vache.

Vers 1413, Artaud de Murinais fit son testament.
Il laissait trois fils : François, Falcon et Antoine.
François épousa Catherine de Bellecombe et résida
à Bellecombe; Falcon hérita des biens de Murinais,
et Antoine fut prêtre et cardinal. Il laissait deux
filles : Marguerite, qui hérita d'une part de la
Balme, et Jeanne, qui épousa Guigues Boniface de
Saint-Geoirs. Antoine et Falcon de Murinais étaient
encore fort jeunes à la mort de leur père, il y eut
un conseil de famille qui nomma un tuteur, Jean
du Puy de Murinais, leur oncle; ce fut en 1414.
Artaud de Murinais avait fait dans son testament
plusieurs legs et fondations pieux. Il avait donné
des biens à l'église de Saint-Just-en-Royans et prêté
une somme pour aider à réparer cet édifice. Il avait
désigné pour lieu de sa sépulture le tombeau de
famille dans l'église de Murinais.

CHAPITRE VII.

Ce fut vers 1426 que Falcon de Murinais eut à soutenir un procès avec la Communauté de Roybon dans l'intérêt des habitants de Murinais. Nous avons vu qu'en 1314 Anselme de Murinais avait reçu de Jean Dauphin la propriété des bois de Tèche et de Pierraz à Murinais et le droit d'usage d'une partie de la forêt de Chambarand. Les successeurs d'Anselme avaient autorisé, en vertu de leurs droits, les habitants de Murinais à y aller couper du bois. Les habitants de Roybon voulurent empêcher ceux de Murinais de continuer cet usage. Falcon de Murinais porta le différend devant le vibailly de St-Marcellin ; le jugement confirma ses droits, le résultat fut que les habitants de Murinais purent continuer cet usage.

Falcon, de son mariage avec Alix de Chatte, eut deux fils : Jean, qui hérita de Murinais, et Odobert, qui fut chevalier de Saint-Jean-de-Jérusalem. Il

mourut en 1431, choisit pour lieu de sépulture le
tombeau que ses pères avaient dans leur chapelle
de l'église de Murinais. Son fils Jean hérita de
grands biens; il eut les domaines et .terres de
Murinais, Peyrins, Montrigaud, Montamet, Iseron,
Beauvoir, Saint-André-en-Royans. En prenant
possession de ces fiefs, Jean de Murinais dut prêter
hommage au Roi. Il passa une procuration à son
oncle François de Bellecombe de Murinais, qui se
rendit à Grenoble et prêta hommage entre les mains
du Gouverneur du Dauphiné. Cet hommage est de
1433. Jean de Murinais fit, lors de sa prise de
possession, cette même année, prêter hommage par
les habitants de Murinais.

Parmi ceux-ci se trouvait Jean Damier. Il tenait
en location de la maison de Murinais une assez
grande étendue de terrain. Dans l'hommage qu'il
prêta à Jean de Murinais, il se qualifie de fils de
Pierre Damier et petit-fils de Guillaume Damier et
renouvelle hommage dans les mêmes termes que
ses aïeux, ce qui ferait voir que, dès 1350 environ,
les Damier tenaient en location des terrains appartenant à la maison de Murinais. Siméon Damier
fils de Jean, et Guigues Damier, fils de Siméon,
renouvelèrent plus tard hommage. Leur contrat de
location portait qu'ils devaient des charrois chaque
année. Jean Damier refusait à M. de Murinais
d'exécuter cette clause; Jean de Murinais fut obligé
de le citer devant le juge de Murinais, qui le con-
damna à remplir cette obligation du contrat.

Ces difficultés n'altérèrent point les bons rapports de cette famille avec le seigneur de Murinais. Nous avons dit que, depuis 1350 environ, ils louaient des terres; ils continuèrent à être ainsi simplement locataires de la maison de Murinais de père en fils jusque vers 1600. A cette époque, Jacques d'Auberjon de Murinais accepta un Damier comme granger d'un de ses domaines. Jacques de Murinais venait d'autoriser une de ses filles, Clauda, à entrer dans l'abbaye des Ayes, près de Grenoble. Il donna en dot à sa fille, pour en avoir l'usufruit sa vie durant, le domaine où il venait de placer ce Damier; c'est là l'origine du nom des Ayes donné à ce domaine, nom qu'il porte encore de nos jours. Depuis cette époque, les Damier sont restés de père en fils grangers de la maison de Murinais, et Maurice Damier, le chef actuel de cette bonne et ancienne famille de grangers, continue encore à cultiver en bon cultivateur, à l'exemple de ses aïeux, les terres de la maison de Murinais.

En 1446 et en 1485, Jean de Murinais renouvela l'hommage au roi Dauphin; il y comprit sa maison forte de Varacieux, qu'il avait sans doute acquise depuis peu d'années. François de Murinais, frère de Falcon et oncle de Jean de Murinais avait laissé une fille, Catherine, dont Jean avait la tutelle. En 1449, il l'accorda en mariage à Philippe de Virieu.

Jean de Murinais a été le premier de cette branche qui ait quitté le nom de du Puy. Il est nommé dans le testament d'Aynarde de Murinais, son aïeule. Il avait quelques biens à Bressieu, car il est compris parmi les nobles de ce lieu-là en une revision des feux de l'année 1447. Il habita Murinais. De son union avec Claudine de Rivail, il eut trois fils, Guigues, Jean, Antoine, et quatre filles, Jeanne, Lionnette, Anne et Antoinette. Il fit son testament le 1ᵉʳ juillet 1464, il légua à sa fille Jeanne 625 florins d'or, à Lionnette, à Anne et à Antoinette à chacune 520 florins d'or. Il donna à son fils aîné Guigues ses biens de Murinais, Chevrières, Saint-Etienne-de-Saint-Geoirs, la Forteresse, Nerpol, Vatilieu, Vinay, Varacieux, et tous ses biens situés depuis le rivage de Fures jusqu'à l'Isère. Il donne à Jean tous ses biens de Peyrins, Miribel, Montchenu, Balernay, Chalme, Saint-Donat, Montrigaud, Jesson, Clérieu, Izeron, Champanesle, Saint-André et Saint-Nazaire. A Antoine, parce qu'il était faible d'esprit et bègue, il ordonne qu'il soit entretenu suivant sa condition. Il institue, pour l'administration de ses biens, sa femme bien-aimée Claudine de Rivail, à qui il lègue la moitié de la maison et jardin de la Balme et ses biens de Saint-Etienne. Il ordonne qu'il sera fait remise entière à tous ses tenanciers de la dette due pour changement de seigneur direct. Il demande à être enseveli dans le tombeau de ses pères dans leur chapelle de l'église de Murinais. Il fait des fondations hebdomadaires de messes à Murinais et à Peyrins.

Avant de continuer, nous pensons intéresser les

lecteurs en leur citant les noms des chevaliers
dauphinois qui firent partie d'un grand tournoi
donné en 1450 avec l'autorisation du roi, à
Romans, en l'honneur de Louise de Clermont. Les
juges de camp furent les barons de Clermont, de
Sassenage et de Chatte. Au nombre des chevaliers
soutenant l'assaut, nous lisons les noms de Damien
de Rostaing, Jean de Saint-Lattier, Gabriel de la
Poipe, Claude d'Izeran, Jacques de Romagneu,
Louis de Beaumont seigneur de Saint-Quentin,
François d'Auberjon, Claude de Marsanne, Imbert
de Vaux, Charles de Chaponnay, Guillaume de
Genas, Olivier du Mottet, Jean de Briançon, Hugues
de Mons. Parmi les assaillants, nous retrouvons les
noms de Ferrant de Pracontal, Barrachin Alleman,
Antoine de Bocsozel, Sylvain de Boissieu, Hector
de Monteynard, Guillaume de Virieu, Pierre de la
Baume de Suze, Claude de Serrière, Aymon de
Montchalin, Georges de Beaumont des Adrets,
Guillaume de Fassion, Guigues de Loras, Humbert
de Murinais, André de Morges.

CHAPITRE VIII.

Guigues de Murinais, après la mort de son père et le règlement des partages des biens de son héritage, alla habiter à Bressieu. Il y contracta mariage avec Claudine de Bressieu, fille de François de Bressieu, seigneur de Beaucressant, et de D[lle] Isabelle de Claveyson; mais après quelques années passées à Bressieu, il revint à Murinais, où l'appelaient sa mère avancée en âge et des règlements d'affaires avec Pierre de Revel de Saint-Vérand. En 1484, Guigues renouvela la location des moulins que ses auteurs possédaient depuis 1315 ensuite de l'échange avec Jean Dauphin de Viennois. Il y avait alors deux moulins à Murinais. Au lieu dit du Vivier, où il y avait un étang dénommé l'étang du Seigneur de Murinais, existaient depuis un temps immémorial des moulins qui tombaient en ruine. Le grand-père de Guigues, Falcon de Murinais, avait fait construire un autre

moulin vers le pré Lacour et l'avait loué à un Jean
de Troyat. Guigues de Murinais renouvela la location ou albergement à François de Troyat et aussi
la location d'une maison qui le confinait, où était
une scierie à bois; cette seconde location fut consentie à Barthélemy Guillot. Dans cet albergement
des moulins, François de Troyat fit mettre comme
clause qu'il ne pourrait pas être construit d'autres
moulins sans son consentement. Le prix de location
annuelle à être payé au seigneur était de six setiers
de blé, six setiers de seigle, deux chapons et la
mouture franche pour le seigneur. Plus tard, en
1520, Claude Revol consentit à vendre au seigneur
de Murinais le terrain nécessaire pour établir le
béal actuel qui dessert le moulin. Ce béal devait
avoir une largeur de six pieds et la profondeur
nécessaire.

Nous ne retrouvons ensuite aucun acte à remarquer de Guigues de Murinais, mais seulement des
achats et ventes de terres et des actes d'albergement, ce qui fait penser qu'il vécut retiré à Murinais,
se donnant à l'administration de ses nombreuses
terres et à l'éducation de ses enfants. Sa première
femme, Claudine de Bressieu, mourut vers 1475
sans lui laisser d'enfants; il se remaria quelques
années après avec Isabelle de Revel de Saint-
Vérand. Par son testament, en date du 3 mai 1505,
nous voyons qu'il laissait quatre fils, Gaspard,
Girard, Aymard et Claude, et une fille, Antoinette.

Aymard épousa Ennemonde de Soffrey; Antoinette fut accordée en mariage à Jean de Montchenu, seigneur de la Balme. Girard et Gaspard héritèrent de tous les biens de Guigues de Murinais. Claude, quatrième fils de Guigues, avait embrassé la carrière ecclésiastique ; son père voulut le pourvoir du titre de recteur d'une chapelle qu'il avait fait construire sous le vocable de Saint-Sébastien, à côté de l'église de Murinais. Aussi, Guigues, dans son testament, réserve pour lui et ses successeurs le droit de nommer le recteur de cette chapelle, avec l'assentiment de Mgr l'Archevêque de Vienne. Il en nomme recteur son fils Claude et fait des legs importants pour pourvoir à son entretien. Il choisit pour lieu de sa sépulture le tombeau de ses pères, dans la chapelle du seigneur, dans l'église paroissiale de Murinais. Nous donnerons ici quelques détails sur cette église paroissiale.

La date de construction n'est pas connue. La première fois qu'il en est fait mention dans les archives de la Maison de Murinais, c'est dans le testament de Artaud de Murinais, en 1413. Il demande à être enterré dans le tombeau de ses pères dans leur chapelle de l'église de Murinais. Jean, Guigues et Gaspard choisissent le même lieu de sépulture. Si Artaud de Murinais demandait, en 1413, à être enseveli dans le tombeau de ses pères dans l'église paroissiale, sans doute que la date de fondation de cette église remontait déjà à une date assez reculée. Elle était appelée église de la Croix ; la chapelle qui appartenait au seigneur était sous le

vocable de Notre-Dame. De riches legs furent, à
diverses époques, faits en faveur de cette chapelle
Notre-Dame. En 1502, Jean de Troyat lui laissa
par testament une rente de cinq setiers de blé. Jean
de Murinais lui avait légué des fonds de terre assez
importants. Cette chapelle appartenait à la Maison
de Murinais, qui conservait le droit d'hommage dû
par le curé pour les rentes ou cens de fondations.
D'ailleurs, le droit du seigneur direct à nommer
les curés de la paroisse fut, sans qu'il y eût d'in-
terruption, constamment maintenu. Nous voyons
par le testament de Guigues qu'il avait fait construire
près de l'église, hors du toit, une chapelle dédiée à
saint Sébastien. Par décret du 15 février 1505,
Mgr l'Archevêque de Vienne approuva l'érection de
cette chapelle, les legs destinés à son entretien et
la nomination comme recteur de cette chapelle
pour Claude de Murinais, fils de Guigues. Depuis
cette date jusqu'à 1579, il y eut trois nominations
de recteur; mais ensuite les fondations furent ac-
quittées par le recteur de la chapelle du seigneur
dans l'église paroissiale, ensuite par les curés ou
vicaires de l'église et enfin par un carme qui venait
de Saint-Marcellin.

Michel de Tourneuf était alors le chef d'une
ancienne famille de Murinais. Nous avons vu un
hommage à Artaud de Murinais par un Guillaume
de Tourneuf. Leur nom se trouve très souvent
mêlé aux actes notariés de cette époque. Leur
maison forte était au lieu dit de nos jours en

Tournu. Michel de Tourneuf, voulant donner un témoignage public de sa piété envers saint Michel, fonda une chapelle dans l'église de Murinais, où devaient se dire à perpétuité trois messes par semaine. Cette fondation prit le nom de Saint-Michel-de-la-Croix et, jusqu'en 1663, le service de fondation fut fidèlement accompli. Mais, à cette date, Mgr l'Archevêque de Vienne étant venu visiter Murinais et trouvant l'autel de cette chapelle en mauvais état, ordonna que les services seraient faits au principal autel. La chapelle saint Michel se trouvait à l'église du côté de l'épitre et celle des seigneurs de Murinais, où se trouvait le tombeau de famille, était du côté de l'évangile. Cette chapelle où se trouvait ce tombeau a subsisté de 1400 à 1830, et les inhumations se sont toutes faites dans cette chapelle.

En 1830, lorsque des réparations durent être faites à l'église paroissiale, on reconnut la nécessité d'une nouvelle construction. Les charrois et quelques fournitures furent faits par les habitants; M. le marquis Charles de Murinais fournit généreusement toutes les sommes nécessaires. Pour reconnaitre cette générosité, le roi Charles X, par un décret, concéda en propriété, à la famille de Murinais et à ses descendants, la chapelle dans l'église paroissiale du côté de l'épitre. Elle est donc actuellement à la place de la chapelle autrefois de Saint-Michel-de-la-Croix. Le tombeau des anciens seigneurs de Murinais fut respecté, la construction nouvelle, faite en dehors des anciennes fondations, permit de laisser intactes les cendres des seigneurs de Murinais qui, depuis tant de générations, y reposaient entourées du respect des habitants. A l'époque de la fondation des chapelles Saint-Sébastien et Saint-Michel-de-la-Croix, en 1502, il n'y avait pas encore de chapelle dans le château de la Balme. Nous dirons, en 1618, à l'occasion de quelles circonstances l'ancienne chapelle ruinée du vieux château de Murinais fut réédifiée au château de la Balme avec l'autorisation de Mgr Gérome de Villars, archevêque de Vienne.

CHAPITRE IX.

Gaspard de Murinais et son frère Girard furent héritiers des biens et domaines de leur père. Leurs frères et sœurs eurent seulement des legs en argent. Gaspard, étant l'aîné des deux, hérita de Murinais ; toutefois, divers actes nous indiquent que Girard eut pour sa part quelques domaines à Murinais. Il n'y a point d'actes importants sur Girard. Nous savons seulement qu'il habita Murinais jusqu'à sa mort, survenue en 1521.

Gaspard de Murinais épousa, le 26 novembre 1527, Clauda d'Izerand, d'une ancienne et noble famille du Royannais. Il continua à habiter le château de la Balme, et en parcourant les contrats d'acquisitions ou de ventes faites par lui, nous voyons les noms de Claude Damier, en 1526 ; de Guigues de Cart, qui vendit une vigne en 1531 ; de Barthélemy de Troyat.

Gaspard avait hérité de son frère de la seigneurie

de Peyrins. Un acte de nomination à la cure de cette paroisse nous le démontre, car il y est dit que cette nomination était faite en vertu de son droit de patron de cette église. Les seigneurs suzerains d'une paroisse avaient le droit de nommer les recteurs de l'église; depuis 1360 jusqu'à 1780, le seigneur de Murinais usa de ce privilège à Murinais et à Peyrins.

Gaspard fut éprouvé par une longue et cruelle maladie; il laissa l'administration de ses biens à son fils Laurent. Ce dernier fit prêter hommage par les nobles et les habitants de Murinais vers 1540. En 1543, Claude de Murinais, fils de Guigues, passa une procuration à Gaspard de Murinais, son frère. Nous avons vu Claude de Murinais recteur de la chapelle Saint-Sébastien à Murinais. Nous ne savons à quelle époque Claude entra dans l'Ordre de Saint-Benoit; mais cette procuration nous le fait connaitre comme étant alors grand-prieur du monastère de l'Ile-Barbe, près Lyon. Il donne à son frère le pouvoir de gérer les biens qu'il avait reçus de son grand-père Jean, de son père Guigues et de son grand-oncle Antoine de Murinais, commandeur de la commanderie de Saint-Antoine, à Grenoble. Gaspard avait eu de son mariage avec Clauda d'Iserand trois fils, Laurent, Gaspard et Claude, et deux filles, Claudine et Françoise.

Il fit son testament dans le château de la Balme, au commencement de 1544, choisit pour lieu de sa sépulture le tombeau de ses pères dans l'église

paroissiale, dans la chapelle du seigneur ; donne à
Gaspard les biens qu'il avait hérités d'Aymard de
Murinais, son frère ; lègue à Claude ses biens de la
Forteresse ; donne à Claudine de Murinais dix mille
livres, et à Françoise pareille somme et les biens de
Peyrins ; il fait son fils aîné Laurent son héritier
universel ; donne à sa bien-aimée femme la jouissance du château de la Balme et des rentes. Après
la mort de Gaspard, sa fille Françoise, mariée à
noble du Vache de Saint-Vérand et qui habitait
Peyrins, eut des difficultés avec ses frères et sœurs
au sujet du règlement de son héritage ; par une
transaction intervenue vers la fin de 1544, l'accord
fut rétabli.

Françoise de Murinais reçut, outre les biens de
Peyrins, deux domaines à Murinais. Elle eut une
fille mariée à noble de Souffray de Calignon,
chancelier de Navarre et conseiller du roi. De
Calignon reçut parmi les biens dotaux de sa femme,
le domaine de Cart, acheté à Guigues de Cart, de
Murinais, et le domaine de Calignon. Ce dernier
domaine faisait partie de la seigneurie du château
de la Balme achetée en 1390 par Falcon de
Murinais à Anselme Lobet, et fut compris dans
l'acquisition de ce château. Le conseiller de Calignon
l'agrandit de plusieurs achats, entre autres le pré de
la scie à Roybon, acquis en 1605 de Guigues de
Troyat, capitaine Foily. Ce pré contenait sept sétérées
et le prix en fut de quatre cent vingt livres. Il rele-
vait de la directe seigneurie du baron de Maugiron.

En 1653, Ennemond de Murinais racheta de son cousin de Calignon, fils du précédent, ce domaine de Calignon sorti de la famille par le partage avec Françoise de Murinais, et encore de nos jours il est possédé par la famille de Murinais. En faisant cet achat, en 1653, M. de Murinais conserva, ainsi que l'acte le constate, le granger qui le cultivait. Il s'appelait Berne, et cette famille a continué jusqu'à présent à cultiver en métayage ce domaine où tant de leurs ancêtres avaient vécu. En 1881, Charles Berne, le granger actuel, renouvela le bail fait cent ans auparavant avec M. de Murinais par son grand-père.

La Maison de Murinais affectionne ces anciennes familles de bons cultivateurs, qui lui rendent dévoûment et respect. Ces traditions de fidélité et de stabilité qui faisaient le fondement de la vie de famille à une époque où le vent destructeur de la révolution n'avait pas encore affaibli les saines idées de la vie de campagne, étaient alors et sont encore aujourd'hui pour ceux qui ont su les conserver, un élément de paix et de bien-être.

Nous sommes pour cette devise écrite sur les murs de l'école d'agriculture de Grignon : « Le sol c'est la patrie, améliorer l'un c'est servir l'autre. » La chaumière du cultivateur a précédé la maison du bourgeois et le palais des riches. Le luxe et la prospérité des villes reposent sur la fertilité des campagnes. On a souvent reproché aux familles riches d'être oisives et de négliger leurs terres. La famille de Murinais, nous le voyons par ses archives de huit siècles, a toujours été essentiellement attachée à conserver la prospérité de ses domaines. Si nous rencontrons parmi ses membres un nombre relativement considérable de chevaliers versant leur sang pour la défense de la patrie, ce n'est pas là le caractère dominant, mais bien plutôt celui de seigneurs veillant à l'administration de leurs terres, ne refusant jamais un bien à accomplir, un malheureux à soulager, une bonne action à remplir.

CHAPITRE X.

Gaspard habita quelques années à Murinais. Nous ne connaissons pas le nom de sa femme; nous voyons cependant qu'il n'eut pas d'enfants; il mourut à Peyrins. Claudine de Murinais épousa, le 28 septembre 1550, Aymar d'Auberjon, seigneur de Buissonrond, près de Vinay. Claude de Murinais suivit deux de ses cousins, Philibert d'Iserand et Claude de Montchenu, que l'appel fait en Dauphiné de marcher à la suite du duc de Savoie contre l'Empereur, avait entraînés. Il combattit le 14 avril 1546, à la bataille de Cerisolles, en Piémont, et eut l'honneur d'y verser son sang et d'y faire le sacrifice de sa vie pour son pays.

Sous le règne de Henri II, Diane de Poitiers fut toute-puissante à la Cour de France. Plusieurs de ses ancêtres avaient, dans les époques où le repos devenait nécessaire à leur vie si agitée par l'ambition, habité le château du Golard, à Chevrières.

Ce fut là aussi qu'après le règne de ce faible monarque, elle fut obligée de se retirer lorsque François monta sur le trône. La famille La Croix de Chevrières, seigneurs de Saint-Vallier, était alliée à la famille de Poitiers. Ils avaient sur une partie du Graisivaudan un droit de châtellenie ou haute seigneurie. Plusieurs fois ils eurent des démêlés avec la Maison de Murinais. Toutefois, si nous rencontrons des nobles, vassaux des seigneurs de Murinais, qui eurent à rechercher protection, tels que Aymar du Rivail, seigneur d'Argentenant, les La Croix de Chevrières n'eurent aucun droit sur la Maison de Murinais, qui était de directe seigneurie. Lorsque les seigneurs de Blanieu, de Brochenu, d'Argentenant voulurent, à l'incitation des de La Croix de Chevrières, s'affranchir de l'hommage dû à la Maison de Murinais et le prêter directement au Roi, la cause, portée devant la Cour des comptes du Dauphiné, fut jugée en faveur du droit incontestable à cette époque des seigneurs de Murinais.

La succession laissée par Gaspard de Murinais, quoique fort considérable, était grevée de bien de dettes. Le partage suscita des différends qui, nous l'avons vu déjà pour Françoise de Murinais, épouse de Claude du Vache, avec Laurent de Murinais, se renouvela entre ce dernier et Aymar d'Auberjon, époux de Claudine de Murinais. Il y eut un arrêt prononcé à Grenoble par Louis de Bourbon, gouverneur du Dauphiné, en faveur de Laurent, et

pour d'autres difficultés, il fallut, en 1561 et en
1568, trancher les différends par des arbitrages.
En 1559, Clauda d'Iserand, veuve de Gaspard de
Murinais, avait généreusement donné à ses enfants
tous les biens qu'elle avait gardés, se reposant sur
l'amour filial de son fils Laurent, qui l'entoura de
ses soins jusqu'à sa mort, survenue en 1567, au
château de la Balme. Elle fut ensevelie dans la
chapelle du seigneur, dans l'église paroissiale. Elle
avait eu la douleur, un an auparavant, de perdre
son fils Gaspard, mort à Peyrins, où il s'était définitivement fixé. Il mourut sans laisser d'enfants. En
1561, Laurent épousa Françoise de Brochenu, fille
de Aymard de Brochenu et de Marguerite Allemand
d'Uriage. A ce mariage assistaient ses oncles
Melchior et Mallein de Brochenu, Aymard Allemand, coseigneur de Chatte; Philibert d'Iserand,
seigneur de Beauvoir et oncle de Laurent de
Murinais; Gaspard de Revel, seigneur de Chasselay,
et Louis de Bressieu. — Toutefois, Laurent n'eut
pas la joie d'avoir d'enfants de ce mariage;
Françoise de Brochenu mourut vers 1570.

Le 15 janvier 1573, nous trouvons encore un
acte notarié d'achat de terre par Laurent de Murinais; le 28 mars de la même année, il épousa en
secondes noces Marguerite Allemand, fille d'Aymard
Allemand, seigneur de Puvelin, et de Jeanne d'Auberjon. Mais le 7 avril suivant, il tomba gravement
malade; sa maladie ne fut que de quelques jours.
Il fit son testament pendant cette dernière maladie

et laissait tous ses biens à sa sœur Clauda, épouse de Aymard d'Auberjon. Marguerite Allemand, sa veuve, épousa, en 1575, noble Antoine de Rostaing.

Claude de Murinais était mort en Piémont, Gaspard et Laurent étant morts sans enfants, il y avait lieu d'exécuter les clauses de substitution ordonnées par leur père Gaspard dans son testament, qui instituait Clauda de Murinais, sa fille, héritière universelle au cas où ses fils mourraient sans enfants.

CHAPITRE XI.

Clauda, mariée en 1550 à Aymard d'Auberjon, habitait Buissonrond, situé sur la paroisse de Beaulieu, près de Vinay. C'est donc la seconde fois que la branche directe se continue par les femmes. La première fois nous avons vu, en 1396, Aynarde de Murinais épouser Artaud Alleman du Puy, qui fut par le testament de Falcon de Murinais, père d'Aynarde, obligé de prendre le nom et les armes de Murinais, condition imposée pour hériter de cette seigneurie. Cette seconde fois, nous trouvons dans le testament de Gaspard, père de Laurent et de Clauda, et dans le testament de Laurent en faveur de Clauda, la même obligation parmi les clauses qui suivent les successions de substitutions. Aymard d'Auberjon était issu d'une famille noble très ancienne du Dauphiné. Nous en ferons l'histoire sommaire depuis l'époque où des titres authentiques nous le permettent d'une manière sûre.

La filiation généalogique remonte jusqu'à la première moitié du XIII° siècle. Elle a été établie sur des titres originaux présentés à d'Hozier pour la réception de M. le marquis Pierre d'Auberjon de Murinais au nombre des pages de la grande écurie du Roi. Un jugement de l'Intendant du Dauphiné du 20 juillet 1667, confirme les d'Auberjon dans leur noblesse de race et leur origine chevaleresque. De nos jours, il ne reste plus pour représenter la Maison d'Auberjon de Murinais que Mme la marquise Adèle de Murinais, qui habite le château de Murinais. Par l'intérêt qu'elle porte à ce qui peut faire revivre les aïeux de son illustre Maison, dans cet ouvrage, elle témoigne assez qu'elle prend part à leur gloire et qu'elle veut les montrer en exemple à ceux qui doivent continuer à en porter le nom et à en suivre les traditions.

Il existe encore une branche des d'Auberjon en Languedoc, dont les armes sont d'azur à six besants d'or posés 3, 2 et 1; elle a eu pour premier auteur Louis d'Auberjon, écuyer, seigneur de la Chevalinière, qui fut l'objet d'une protection toute particulière de la part de Mme Eléonore de Bourbon, tante de Henri IV.

Les armes des d'Auberjon de Murinais sont d'or, à une bande d'azur chargée de trois hauberts ou cottes d'armes d'argent posées deux et une, couronne de marquis, supports deux sauvages, et pour devise : « Maille à maille se fait l'auberjon. »

En 1260, un d'Auberjon de Maille, qui habitait

le château de Maille, à Morestel, dut faire opérer
un partage de biens de famille à la mort de son
père; cet acte, inscrit aux archives de la Cour des
comptes de Grenoble, est du quatre des ides de
novembre, indiction 5°, au folio 160. C'est le plus
ancien acte de cette famille qui soit certain. Le fils
de ce noble d'Auberjon s'était rangé sous la
bannière du Dauphin Guigues dans ses démêlés
avec le comte Edouard de Savoie. Le comte Hugues
de Genève était un des fermes soutiens du Dauphin
dans sa lutte contre Edouard. Hugues de Genève
possédait en Bugey le bourg et château de Varey,
qui étaient assez bien fortifiés, pour être à l'abri
d'un coup de main. Le comte de Savoie résolut de
s'emparer de cette place pour la ruiner et satisfaire
sa colère et sa vengeance. Il en établit le siège.
Mais le Dauphin, qui en fut averti, accourut à sa
défense. Après une sanglante bataille gagnée par le
Dauphin, le comte de Savoie allait être fait prisonnier. Le baron de Sassenage le défendit et
réussissait à protéger sa fuite, lorsqu'il rencontra les
chevaliers d'Auberjon de Maille et de Tournon, du
parti du Dauphin, qui les arrêtèrent. D'Auberjon
ayant reconnu le comte de Savoie, s'adressa à lui
et le pressa avec tant d'ardeur et de courage qu'il
le contraignit, avec le secours de de Tournon, à
rendre son épée. Mais, comme ils se mettaient en
devoir de le désarmer, le seigneur de Bocsozel et
le seigneur d'Entremont, qui faisaient partie de
l'armée d'Edouard, vinrent les combattre et délivrer

le comte. D'Auberjon fut tué dans cette lutte. Ce d'Auberjon est qualifié de chevalier; Chorier cite ce fait. M. de Boissieu, dans son *Traité de l'usage des fiefs*, dit que le surnom de Maille qu'il portait était celui d'une maison de ce nom située à Morestel, au-dessus de Goncelin, où il avait fixé sa demeure. Sans doute qu'il l'avait eue par l'effet de quelque alliance avec la Maison de Maille, qui l'avait possédée auparavant. Ce trait suffirait pour prouver de quelle considération cette famille jouissait déjà au commencement du xive siècle.

Ce chevalier d'Auberjon, tué à Varey, laissait un fils, Humbert, écuyer, qui épousa Isabeau Alleman, fille de noble Alleman, seigneur de Lantiol; il testa en 1331. Il eut un fils, Guillaume, qui fit hommage au Dauphin Humbert II, le 3 janvier 1334, en la ville de Saint-Marcellin, à la manière des nobles, pour tous les biens qu'il possédait dans ses Etats. Chorier cite un autre hommage qu'il prêta en 1350 au comte de Valentinois, pour sa terre de Montmeyran; cet acte le qualifie de chevalier et nous apprend qu'il habitait Saint-Nazaire-en-Royans. Il avait épousé Ennemonde de Claveyson, et par elle ayant des biens considérables dans le Royannais, il quitta Morestel pour venir à Saint-Nazaire. Il eut plusieurs enfants, entre autres Pierre d'Auberjon. Pierre fut, en 1388, échanson du roi Charles VI, et combattit, en 1415, à la bataille d'Azincourt. Il avait épousé noble Alize d'Hauteville, fille de Florimond d'Hauteville. Pierre eut de cette union trois fils : François, Humbert et Guillaume. Humbert reçut en héritage les biens de Saint-Nazaire par moitié avec son frère Guillaume, et François, l'aîné, hérita des biens de Beaulieu et Buissonrond. Ainsi que nous le lisons dans des extraits des registres de la Cour des comptes du Dauphiné, pour la révision des feux en 1445 et 1459, Elise d'Hauteville, née à Moras, où son père vivait encore en 1413, avait apporté en dot à Pierre d'Auberjon une grande fortune territoriale. François d'Auberjon, fils aîné de Pierre, reçut en partage tous ces biens de Moras, outre la seigneurie de Buissonrond. Ceci résulte d'actes notariés aux dates de 1446, 1458, 1463.

François d'Auberjon habita Moras et acquit des biens à Bressieux. Il figure au nombre des nobles convoqués en 1464. Il comparut en équipage de guerre à une revue de troupes envoyées par le roi Louis VI au secours de la duchesse de Savoie Jolande, en 1472. En 1458, nous voyons par une sentence arbitrale entre noble François d'Auberjon et Eléonore de Falcoz, sa femme, d'une part, et Aymard de Quincieu, d'autre, que François d'Auberjon avait épousé cette Eléonore, fille de Jean de Falcoz de la Blache. Elle lui survécut et testa le vingt-sixième jour de juin 1480. Elle laissait deux fils et trois filles. Ses fils Jean et Hector héritèrent par moitié des biens de la famille. Ce fut Jean, l'aîné, qui reçut Moras et Buissonrond. Hector épousa Antoinette de Bassey. Jean d'Auberjon épousa Isabelle de Chambarand, dont il eut trois enfants : deux fils, Humbert et Jean, et une fille, Méraude. En 1517, Jean passa une transaction avec Aymard de Castellane au sujet de terres qui les avoisinaient. Il testa en 1520, à Moras, où il mourut; il demanda à être enseveli dans le tombeau de sa famille, dans l'église de Moras. Son fils aîné, Jean d'Auberjon, deuxième du nom, hérita de Moras et de Buissonrond. Il habita Moras, où il mourut le 19 mars 1544, choisissant pour lieu de sa sépulture le tombeau de ses pères, dans l'église de Moras. De son union avec Marguerite de Marchand, il avait eu six enfants : un fils, Aymard, qui épousa Claudine de Murinais, fille de Gaspard de Murinais, et cinq filles : Claire, qui épousa Claude Fression, d'une ancienne famille qui donna plusieurs chevaliers de Malte et un maréchal de cet Ordre; Jeanne d'Auberjon, qui épousa Aymard Alleman, seigneur de Puvelin; Aymare, Magdeleine et Isabelle, qui furent religieuses.

Aymard d'Auberjon et Claudine de Murinais, son épouse, habitèrent d'abord Buissonrond; ils vinrent, après la mort de Laurent de Murinais, se fixer au château de la Balme. Divers actes nous font connaître qu'ils possédaient encore la maison forte de Moras, des biens à Vinay et le château des Routes, à Peyrins. Aymard survécut peu à son beau-frère Laurent; il testa en 1574, dans le château de la Balme, où il mourut cette même année. Il fut enseveli dans le tombeau des seigneurs de Murinais, dans l'église paroissiale. Il laissait un fils, Jacques, qui continua la descendance, et deux filles : Françoise, mariée à Balthazard de Murinais Bosancieu, ancienne branche de Murinais fixée à la Côte-Saint-André, et Jeanne d'Auberjon, mariée à noble de Fassion de Sainte-Jay, seigneur de Varacieux et de Brion.

CHAPITRE XII.

Depuis 1674, époque de la mort de son époux, Clauda vécut au château de Murinais jusqu'à sa mort, survenue le 5 mars 1615. L'administration de ses biens, à cette époque troublée par les guerres, lui suscita de nombreuses difficultés.

En 1602, elle consentit au mariage de son fils Jacques avec Catherine du Mottet, fille de Charles du Mottet, gentilhomme de la chambre du roi et seigneur de Champier. L'acte fut passé à Murinais, en présence de Jean-Balthazard de Murinais Bosancieu, beau-frère de Jacques. Claudine de Murinais, par son testament, demanda qu'après sa mort elle fût ensevelie dans le tombeau de ses pères, à Murinais. A la mort de sa mère, Jacques, en prenant possession comme seigneur de la terre de Murinais, voulut régler avec les habitants les arrérages dus pour une somme considérable; mais la misère générale les mettant presque dans l'impuissance de s'acquitter, les habitants se réunirent, nommèrent des délégués pour représenter leur malheureux état à leur seigneur.

Jacques de Murinais, par une transaction de l'année 1619, leur abandonna la plus grande partie de cette dette; cette transaction fut approuvée par Louis de Lesdiguières, gouverneur du Dauphiné. De son mariage avec Catherine du Mottet, Jacques de Murinais avait eu un fils, Bertrand, et six filles: Hippolyte mariée en 1630 à Horace de Rivail, seigneur de Blanieu et Argentenant; Anne, qui épousa Claude d'Iserand, seigneur du Molar; Clauda, Gabrielle et Françoise qui prirent l'habit religieux au monastère des Ayes, près de Grenoble. L'abbesse était A. de Chambarand, et au nombre des religieuses se trouvait J. de Cumane.

A cette époque, le seigneur de Blanieu, Horace de Rivail, possédait encore la Rivaillère à Argentenant, derrière le château de Murinais. A côté de la Rivaillère, sur les limites confrontant les terres de la famille de Murinais, existait une tour carrée très ancienne. Plusieurs fois, les seigneurs de Rivail avaient inquiété les habitants avoisinant cette tour. En 1616, Jacques de Murinais fit consentir le seigneur de Blanieu à lui vendre cette tour et il la fit démolir. Une autre difficulté, qui donna lieu à un long et difficile procès, surgit en 1613. La famille de Murinais avait généreusement doté une fondation de chapelle sous le vocable du Saint-Esprit, faite dans l'église de Chevrières. Rosset, curé de cette

paroisse, poursuivit Jacques de Murinais en paye-
ments d'arrérages dus pour cette fondation. Toutefois, les services de la fondation ayant été en partie
inexécutés, M. de Murinais refusa d'acquitter cette
dette. Le procès qui s'ensuivit fut porté devant
Mgr l'Archevêque de Vienne, et le jugement fit
rétablir le service régulier de la fondation ; une
quittance de 1616 par l'abbé Jean de Rivail, prieur
de Chevrières, nous témoigne du rétablissement de
la bonne entente. En 1627, Jacques de Murinais,
voulant assurer les services de fondations de la
chapelle Notre-Dame ou du château dans l'église
paroissiale et ceux de la chapelle Saint-Sébastien,
fondée en 1495, à côté de l'église, nomma un
recteur, messire Frappat, pour remplacer le frère
Vincent, carme de Saint-Marcellin, qui souvent ne
pouvait se rendre à Murinais. L'installation de
messire Frappat eut lieu en présence de M. de
Troyat, curé de Murinais.

Plus tard, en 1649, le fils de Jacques de Murinais,
pénétré des mêmes sentiments de piété que son père
Jacques de Murinais, voulant compléter son œuvre
pieuse, et en cela secondé par les instances de sa
femme, née de Bonrepos, voulut rétablir et réédifier
près du château de la Balme, la chapelle en ruine
qui se voyait à côté du vieux château de Murinais.
L'acte notarié s'exprime en ces termes : « Noble
Bertrand de Murinais et dame Marguerite Armuet
de Bonrepos, son épouse, désirant, par œuvre de
piété et de miséricorde, faire réédifier la chapelle

que les seigneurs de Murinais avaient érigée auprès
de la tour du château, sous le vocable de saint
Jean-Baptiste, et qui maintenant est vaque et toute
ruinée depuis fort longtemps, qu'il n'est mémoire
d'homme, constituent une rente en faveur de
Gaspard Foity, nommé par le présent acte recteur
de la chapelle de Saint-Jean-Baptiste, qui sera réédifiée près le château de la Balme. Le service de
fondation sera fait, en attendant l'achèvement de la
construction, dans la chapelle du château, dans
l'église paroissiale. » La construction de cette
chapelle fut terminée quelques années après; nous
en reparlerons lorsque sa date de construction se
présentera.

En 1628, Claude de l'Arthaudière Saint-Lattier
albergeait une terre sise en Menenas, à Murinais, à
messire Heurard; vers 1630, Jacques de Murinais
en fit l'achat. Ce fut cette même année 1630 que
Jacques de Murinais fit l'acquisition de la terre et
seigneurie d'Iserable, à Murinais. Nous n'avons
trouvé aucun acte d'hommage des nobles d'Iserable
au seigneur de Murinais, mais diverses reconnais-
sances notariées du xve siècle nous donnent des
renseignements très précis sur cette famille d'Iserable, qualifiée noble, et sur leur maison forte
située près de Menenas, à Murinais, maison qui
portait leur nom et l'a conservé jusqu'à nos
jours.

En 1885, des réparations nécessitées par la
vétusté des tours et appartements intérieurs, obligea

à des démolitions qui firent disparaître entre autres une ancienne chapelle avec fresques murales remarquables.

En 1548, noble d'Iserable vendit son château d'Iserable et ses terres à Jacques de Thomassin, seigneur de Miribel. Cette famille d'Iserable, après avoir fait des pertes d'argent assez considérables, ne conserva que quelques terres. Un des membres acquit l'étude héréditaire de notaire de Murinais, et pendant deux siècles les parchemins et actes notariés, faits à Murinais, sont signés par des Iserable, notaires.

Les seigneurs de Thomassin n'habitaient pas le château d'Iserable, à Murinais, mais résidaient à Miribel. Deux petites filles de ce de Thomassin, filles de René de Thomassin, seigneur de Montmartin, vinrent pourtant y habiter vers 1625. L'une, Eléonore de Thomassin, épouse de Emmanuel de Savoie; l'autre, Catherine, épouse de François du Bourg, n'eurent toutes deux pas d'enfants. Leur maison forte d'Iserable fut donnée par elles à leur neveu, comte de Billin. C'est de ce dernier que Jacques de Murinais acquit cette terre en 1630. Nous verrons dans la suite cette seigneurie donnée souvent par les seigneurs de Murinais en douaire à leurs femmes; Jacques de Murinais, qui l'acheta, la donna en jouissance à sa femme, Catherine du Mottet. Ce fut là qu'elle mourut en 1651. Cette terre est actuellement possédée par Mme de Murinais.

Jacques de Murinais se rendit à Grenoble en

1630 le 19 juillet, pour prêter hommage au Roi, pour sa terre et seigneurie de Murinais. Il fut accompagné de son fils Bertrand, qui partait pour rejoindre l'armée commandée par le duc de Lesdiguières, en Piémont. Ce voyage à Grenoble augmenta l'indisposition que Jacques de Murinais ressentait depuis quelque temps; aussi il l'abrégea le plus qu'il le pût, et après avoir vu partir son fils, il se hâta de revenir dans sa famille. Il fit son testament le 30 août de cette même année 1630, laissant tous ses biens à son fils unique Bertrand, qu'il n'eut pas la joie d'avoir près de lui à ses derniers moments; il donnait en douaire la terre d'Iserable à sa femme, Catherine du Mottet; faisait des legs à ses filles, religieuses au monastère des Ayes, et à sa fille Hippolyte, mariée à M. Horace de Rivail, seigneur de Blanieu. Il fut, sur sa demande, enseveli dans le tombeau de famille, dans l'église de Murinais.

CHAPITRE XIII.

Cependant son fils Bertrand, après avoir vaillamment combattu en Piémont et avoir conquis le grade de capitaine sur le champ de bataille, fut pris de la fièvre augmentée d'une maladie de foie. Il fut obligé de revenir en Dauphiné en 1638, ne se voyant plus assez fort pour supporter la vie des camps. Il envoya sa démission au duc de Lesdiguières, qui lui écrivit une lettre très élogieuse de ses services et acceptait, en le regrettant, sa démission de capitaine du régiment du prince d'Aurichemont.

L'année suivante, 1639, Mme veuve de Murinais, née du Mottet, consentit au mariage de sa fille Anne avec Jean d'Iserand, alliance qui renouvelait la parentée avec cette ancienne famille noble du Dauphiné. Les d'Iserand étaient alors seigneurs du Molar, près de Saint-Marcellin; nous avons déjà enregistré deux alliances de cette famille avec la Maison de Murinais.

Nous signalerons comme document intéressant l'histoire de la terre de Murinais à cette époque, deux pièces : l'une nous indique la quantité de vin récoltée en 1632, elle fut de 386 hectolitres pour la part du seigneur ; or, les terres se trouvant toutes en grangeage à moitié fruits, cette quantité nous indique que la récolte totale fut de 772 hectolitres. La seconde est une autorisation accordée à M. Heurard, conseiller au Parlement, de vendanger les vignes qu'il possédait à Murinais, le second jour des vendanges du seigneur de Murinais, qui avait seul le droit d'en désigner le commencement ; elles ne pouvaient commencer pour les autres propriétaires que le troisième jour après celui que le seigneur avait choisi pour lui.

En 1635, les communautés de Roybon, Bessins, Varacieux, Saint-Vérand, Chevrières, Peyrins, Murinais, Blanieu, sur le territoire desquelles Bertrand de Murinais avait des domaines, intentèrent un procès devant le bailly de Saint-Marcellin, à l'effet d'obliger M. de Murinais à payer la taille roturière ou impôts que devaient payer ceux qui n'étaient pas nobles. Ce procès n'était pas fait par intention hostile, mais en vertu d'un décret royal, afin d'obliger toutes les familles portant un titre nobiliaire à justifier qu'elles avaient le droit de le porter. Bertrand de Murinais produisit ses titres d'ancienne et noble race, et un jugement de l'intendant de justice du Dauphiné, en date de 1641, reproduisant les titres authentiques de la généalogie de la Maison de Murinais d'Auberjon, depuis 1260, les reconnaît d'ancienne et haute noblesse et déboute de leur demande les consuls des communautés sus-nommées.

Bertrand de Murinais épousa, en 1645, demoi-selle Marguerite Armuet de Bonrepos. Mme de Murinais, née du Mottet, empêchée par la maladie, ne pouvant assister à ce contrat de mariage, délé-gua par procuration Antoine de Fassion de Sainte-Jay, seigneur de Brion, pour la représenter. Le mariage eut lieu à Grenoble, dans l'hôtel du seigneur de Bonrepos. Mlle de Bonrepos descendait de l'ancienne et célèbre famille de Bonrepos, sei-gneurs de Sichilienne et Jarrie. Le grand-père était Jean de Bonrepos, commandant en chef des armées du roi Charles en Dauphiné, en 1568. Plus tard, en 1575, Henri IV écrivit une lettre autographe au capitaine de Bonrepos pour le nommer député des états du Dauphiné, et lui marquer sa satisfaction de ses services; les éloges et les témoignages de confiance marqués dans cette lettre, font grand honneur à ce vaillant capitaine. Mlle de Bonrepos était fille de Guillaume de Bonrepos et de Anne-Cathérine de Loras Montplaisant. Les témoins de ce mariage furent MM. le baron de Poligny de Valbonnais et Abel de Calignon, pour M. de Murinais; Messires Armuet de Bonrepos et Gaspard de Briançon, chanoines de l'église cathédrale de Grenoble, pour Mlle de Bonrepos. Cette même année, 1645, M. de Murinais dut faire le voyage de Grenoble pour prêter hommage au roi pour ses seigneuries. Il eut peu après deux procès à soutenir : l'un, de concert avec son cousin Abel de Calignon, concernant des eaux que Jean de la Croix de Chevrières voulait prendre sur le territoire de Murinais, pour des moulins situés à Chevrières, au-dessous des moulins de Murinais, et un autre procès, à ce même sujet, avec le fermier de ces moulins. Le procès fut jugé en la Cour ordinaire de justice de Murinais.

Bertrand de Murinais eut de son mariage avec Mlle de Bonrepos trois fils : Ennemond, qui hérita des biens et de la seigneurie de Murinais. Il naquit à Saint-Marcellin le 16 février 1652. Son parrain fut Ennemond de Loras et sa marraine Anne de Loras, dame de Bonrepos, sa grand'mère. Le second fils, Charles, né à Saint-Marcellin, en 1656, eut pour parrain Charles de Viennois et pour marraine Mme de Nantouin. Il fut d'abord chevalier de Malte et embrassa ensuite l'état ecclésiastique dans l'ordre de Saint-Ruff au monastère de la Côte-Saint-André, et le troisième fils, Joseph, né à Murinais, en 1657. Il eut deux filles : Alix née à Murinais en 1653, son parrain fut M. Antoine de Fassion, sa marraine Alix de Briançon de Varce, et la seconde fille, Thérèse, qui épousa M. de Jouffray, seigneur du Sappey.

Lorsque nous avons décrit les échanges faits entre le Dauphin et Anselme de Murinais, en 1314, nous avons vu que le Dauphin cédait à Anselme

ses droits d'usage de la forêt de Chambarand.
L'étendue attribuée à Anselme de Murinais était
du quart de la forêt. En 1344 et en 1426, nous
avons relaté des procès intentés par les seigneurs
de Murinais pour conserver leurs droits d'usage,
jouissance de paquerage et coupes de bois dans
cette partie des Chambarands, et ils avaient eu gain
de cause, ainsi que nous en avons eu la certitude
par deux parchemins, l'un relatant le jugement du
gouverneur du Dauphiné, l'autre un arrêt du bailly
de Saint-Marcellin.

En 1649, noble de Fassion de Sainte-Jay vendit
à son frère de Fassion de Chatonnais, les terres et
bois qu'il possédait dans les Chambarands, au lieu
dit la Batie et auprès des domaines d'Autour. Ces
propriétés, en 1330, appartenaient au Dauphin qui
les vendit alors à Guyonnet de Chambarand, fils de
Almaric. En 1535, les de Fassion en firent l'acquisition, et lorsque Antoine de Fassion les vendit à
François de Fassion de Chatonnais, son frère, ce
dernier voulut inquiéter M. de Murinais dans la
jouissance de ses droits. Le procès fut long ; M. de
Murinais choisit comme défenseur M. de Calignon,
son cousin, conseiller au Parlement. La plus grande
difficulté soulevée par MM. de Fassion, avec la
contestation de propriété, était la mauvaise délimi-
tation.

En 1230, il n'y avait aucun mandement, ni bourg
à Roybon. Toute l'étendue du territoire actuel était
en prairies ou forêts ; les prairies n'étaient, à vrai

dire, que des pâturages le long des ruisseaux. La presque totalité de la forêt appartenait aux Dauphins; les seigneurs de Maugiron et quelques seigneurs voisins en possédaient quelques parties. En 1250, Jean Dauphin, désirant céder aux instances de Marguerite, sa femme, qui affectionnait le site des vallées du milieu de la forêt et particulièrement le lieu dit : Roybon, choisit la confluence des ruisseaux de Galaure et d'Aigue-Noire, où il fit bâtir le bourg de Roybon, qu'il nomma *Villa Nova Ruybonis*, à cause de la fertilité des ruisseaux. Pour faciliter la construction de ce bourg et favoriser le peuplement, il accorda de nombreux privilèges à ses habitants. Ils furent les premiers à qui les Dauphins accordèrent des privilèges dans leur forêt, en leur permettant de bûcheronner, d'y mener paître leur bétail et de couper les bois nécessaires à leurs constructions, avec la seule restriction de ne pas couper d'arbres sans les faire marquer par les officiers de l'administration.

A cette époque, l'habitation ordinaire des Dauphins était Beauvoir en Royans, le château de la Balme à Murinais leur appartenait; aussi ils vinrent souvent, après quelques jours passés au château de la Balme, jusque dans leur nouvelle ville de Roybon, organiser de splendides chasses dans la giboyeuse forêt de Chambarand. L'intérêt avec lequel les Dauphins suivaient l'établissement de Roybon et les privilèges dont ils l'avaient comblé, facilitèrent rapidement la formation de cette ville; elle était

florissante, lorsqu'en 1649 M. François de Fassion
acquit de son frère ses bois et prés de Chambarand,
dont l'étendue était considérable pour leur part de
possession. La forêt était alors en partie possédée
par M. de Murinais, le baron de Maugiron, les
Communautés de Chevrières et Varacieux. Le procès
en contestation des droits de M. de Murinais prit fin
par une transaction entre les Communautés de
Chevrières, Varacieux, MM. de Sainte-Jay et de
Maugiron, survenue ensuite d'un arrêt du Parlement
de Grenoble, qui constatait les droits de la Maison
de Murinais, après examen des titres présentés.

Nous avons vu que ce fut en 1645 que Bertrand
de Murinais épousa Mlle de Bonrepos. En 1648,
Mme de Murinais, née du Mottet, mère de Bertrand,
était infirme et âgée, elle fit cession de tous ses biens
à son fils, ne se réservant que la jouissance de la
terre d'Iserable, à Murinais. Bertrand fit en 1651
l'acquisition du domaine du Maréchal d'un nommé
Gaspard Bonnet.

Un arrêt du Parlement de Grenoble, au sujet
d'un étang vers Romans, dont les habitants voisins
contestaient la propriété à M. de Murinais et à
M. Abel de Calignon, son cousin, nous fait connaître
que la Maison de Murinais avait encore, à cette
époque, d'assez grands domaines près de Peyrins.

Ce fut en 1658 que les eaux du vieux château
furent canalisées et amenées au château de la Balme.
Deux années plus tard, une tempête affreuse fit tant
de ravages à Murinais et aux environs, que les

habitants, réduits à la misère, implorèrent M. de Murinais pour qu'il obtint pour eux d'être déchargés des impôts pour cette année. La requête adressée dans ce but obtint cette faveur.

Bertrand de Murinais mit fin cette année à un long procès avec M. de Rivail, de Blanieu. Nous parlerons ici de cette famille, dont le nom s'est déjà souvent présenté dans le cours de cette histoire.

A l'est du château de Murinais on voit une vallée très fertile dénommée d'Argentenant.

Lorsqu'en 1317 Pierre de Murinais acquit du Dauphin la suzeraineté sur le territoire et le droit aux hommages des familles nobles, nous avons relaté les noms de Pierre et Mallein de Rivail. C'étaient alors les deux châtelains de la maison forte de la Rivallière, bâtie à mi-coteau de la vallée d'Argentenant. En 1344, Mallein de Rivail renouvela hommage au seigneur de Murinais; en 1393, ce fut Pierre, son petit-fils; en 1402, Guillaume de Rivail se rendit à Grenoble, et prêta hommage au roi pour la Rivaillère. Falcon de Murinais qui en fut informé fit casser cet hommage, et par arrêt du Gouverneur du Dauphiné obtint le respect de ses droits de suzerain. Il y eut parfois encore des résistances. En 1485, Guigues de Rivail refusait sa soumission et se plaignit à M. de la Croix de Chevrières, qui fit donner l'ordre à M. de Murinais de cesser sa querelle armée et de se borner à la prestation d'hommage.

Ce fut vers 1485 que la famille de Rivail acheta

la terre et seigneurie de Lieudieu. En 1540, un
dénombrement donné à la Cour des comptes pour
les biens possédés par les de Rivail, nous fait
connaître qu'à cette époque ils avaient les seigneuries de Lieudieu, Argentenant, la Sône, les moulins
de Saint-Marcellin et des terres à Saint-Geoirs. Les
archives de la Maison de Murinais contiennent un
très grand nombre de titres et documents importants
qui permettraient de reconstituer toute l'histoire des
de Rivail. Cette famille fournit plusieurs prélats
distingués à l'Eglise et de savants docteurs ès lois,
conseillers au Parlement de Grenoble. Jusqu'en
1485 les de Rivail habitèrent Argentenant; à partir
de cette époque ils habitèrent soit la Sône, Lieudieu
ou Argentenant.

En 1483, Aymard de Rivail acheta de Jean de
Rochechinard la terre de Blanieu, sur Chevrières.
Cette seigneurie fut possédée par les de Rivail
jusqu'en 1644, époque où Horace de Rivail la vendit
à Jean de la Croix de Chevrières. En 1450, nous
avons vu une Claudine de Rivail épouser Jean de
Murinais. En 1623, Hippolyte, fille de Jacques de
Murinais et de Catherine du Mottet, avait épousé
Horace de Rivail, seigneur de Blanieu. De ce
mariage naquirent deux filles, Anne et Marie. En
cet Horace de Rivail s'est éteinte la noble et ancienne famille de ce nom. Il avait marié sa fille
Anne à M. de Chabo de Nantouin et sa seconde
fille Marie épousa M. de Martel.

Horace du Rivail, après la vente de Blanieu à

M. de Chevrières, se retira chez M. de Chabons de Nantouin, à la Côte-Saint-André. Il possédait encore Argentenant, à Murinais. Ce fut en 1651 que M. Bertrand de Murinais soutint un procès avec MM. de Rivail et de Chabo. Ce procès, né d'une légère difficulté, une question d'eaux qui coulaient du pied du vieux château de Murinais et que M. de Chabo avait conduit sur ses terres d'Argentenant. Un legs fait par Mme de Murinais, née du Mottet, à sa petite-fille Anne, mariée à M. de Chabo, avait envenimé les difficultés. Les pièces du procès nous laisseraient voir que M. de Rivail avait l'esprit porté aux goûts de la chicane. Justement vexé dans ses droits, M. Bertrand de Murinais, après avoir enfin obtenu un règlement qui lui rendait justice pour ces difficultés, cita M. de Rivail devant le bailly du Graisivaudan, pour prestation d'hommage. Les actes volumineux du dossier traitant cette affaire nous montrent qu'à chaque génération les de Rivail, de gré ou de contrainte, avaient reconnu le droit de suzeraineté de la Maison de Murinais. L'arrêt de l'intendant de la justice obligea MM. de Rivail et de Chabo à la soumission, et ils réitérèrent en 1656, dans les mêmes termes qu'autrefois, la reconnaissance de suzeraineté en prêtant hommage pour Argentenant.

Nous avons dit que Marie de Rivail, fille de Horace de Rivail et de Hippolyte de Murinais, avait épousé M. de Martel d'Eclose. L'oncle de M. de Martel était Mgr de Saint-Marcel d'Avançon, arche-

vêque d'Embrun. En 1683, le fils de M. de Martel
et de Marie de Rivail était gouverneur de Sarrelouis.
Il était chevalier du Saint-Esprit et conseiller du
roi. Il mourut sans enfant et légua à son cousin,
M. Ennemond de Murinais, son château d'Eclose,
les domaines des Badins, de Beaurivier, des Perrets
et des Chabert, situés près d'Eclose. Par son alliance
avec la fille de M. de Rivail, M. de Chabo reçut
pour dot de sa femme, le fief d'Argentenant. Il le
garda jusqu'en 1712, époque à laquelle il le vendit
aux religieuses de la Visitation de Saint-Marcellin.
En 1713, M. Ennemond de Murinais leur demanda
la prestation d'hommage. Elles la refusèrent, et un
procès commencé cette année 1713 et qui ne finit
qu'en 1723, d'abord devant la Chambre des comptes
du Dauphiné et ensuite devant Mgr le prince de la
Tour d'Auvergne, archevêque de Vienne, se termina
par l'ordre donné aux religieuses de se soumettre.
Une réunion de toutes les religieuses eut lieu en
conseil; elles signèrent un acte d'hommage à Pierre
de Murinais. La supérieure était sœur Marie-
Dauphine de Murinais. Les religieuses de la Visitation de Saint-Marcellin possédèrent Argentenant
jusqu'à la grande révolution.

M. Bertrand de Murinais mourut en 1664. Il
laissait les seigneuries de Murinais, la Balme,
Buissonrond et tous ses biens en jouissance à son
épouse Marguerite de Bonrepos, et la propriété à
son fils ainé Ennemond-Bernard.

CHAPITRE XIV.

Les guerres avaient causé tant de charges aux nobles qui supportaient alors la plus grande part des impôts, et M. Bertrand de Murinais avait fait de telles dépenses pour l'entretien de sa compagnie à l'armée, qu'à sa mort, sa veuve, Mme de Murinais de Bonrepos, ne voulut accepter l'héritage que sous bénéfice d'inventaire. Elle sollicita du bailly de Saint-Marcellin une ordonnance qui l'autorisait à réunir les parents et alliés de sa famille, pour régler cette succession si obérée et si difficile. Cette réunion eut lieu au château de Murinais. Le procès-verbal mentionne présents à cette assemblée MM. Charles et Antoine de Fassion, cousins germains; François de Rostaing, cousin; Antoine de Chabo, neveu par alliance; Charles de Beaumont d'Autichamp, allié; Alexandre de Falcoz de la Blache, Reymond d'Arnis, Jean de Quincivet, Jean d'Izerand de Montagne. Il fut décidé que la terre et seigneurie de

Buissonrond, près de Vinay, serait vendue. Cette
terre appartenait aux d'Auberjon depuis 1464.
Mme de Murinais de Bonrepos la vendit pour 18,000
livres à Mme la marquise de l'Estang; mais cette dernière ne la conserva que de 1665 à 1690, époque
à laquelle elle revendit cette terre aux religieuses
de la Visitation de Saint-Marcellin. Ces dernières
l'ont possédée jusqu'à la révolution française qui les
en spolia. La vente de cette terre par Mme de Murinais
permit de payer les dettes les plus pressantes et
d'attendre des jours meilleurs.

Mme de Murinais était très économe; des documents nous disent presque avare. Toutefois, l'état
embarrassé de dettes de la fortune qu'elle avait en
gestion pour ses enfants, fait comprendre cet ordre
et cette économie qui ont pu être taxés d'avarice.
C'est peut-être, si nous en croyons un document
que nous avons lu sur un procès qui eut lieu plus
tard, entre M. Ennemond de Murinais et M. de
Garagnol de Verdun, seigneur de Saint-Romans,
cette qualité qui porta ce dernier à rechercher la
main de Mme veuve de Murinais et à la demander
en mariage. M. de Garagnol était sans emploi et
grevé de dettes très pressantes. Mme de Murinais,
outre sa part de l'héritage de son père, sur Bonrepos
et Jarrie, avait une belle fortune qu'elle augmentait
des économies de son douaire. M. de Garagnol
réussit à obtenir sa main en 1669. Il paya toutes
ses dettes, acheta la Chatellenie de Saint-Marcellin
et obtint la charge de vi-bailly de Saint-Marcellin.

Toutefois, il ne considéra cette alliance que comme un moyen de se sortir d'embarras. Mme de Murinais fut abreuvée de chagrins; elle se retira à Grenoble dans l'hôtel de sa fille, Mme de Jouffray. Elle ne revint à Saint-Marcellin qu'une fois pour assister au mariage d'une de ses filles, née de son mariage avec M. de Garagnol, qui épousa M. de Beaumont, seigneur de Beauvoir, et pour régler l'achat qu'elle projetait de la maison forte de Brochenu, acquisition dont nous parlerons ensuite. Mme de Murinais, épouse de M. de Garagnol, mourut à Grenoble en 1681. M. de Garagnol, lorsqu'il la vit sur le point d'expirer, fit sortir tout le monde de l'appartement, enleva ce qu'il put de papiers et d'or et revint avec un laquais enlever un coffre contenant des bijoux et des papiers importants. Ennemond de Murinais se trouvait à Valence, il y apprit la mort de sa mère et la conduite de M. de Garagnol, par une lettre de sa sœur Thérèse de Murinais, épouse de M. de Jouffray. Il se hâta de revenir à Grenoble et intenta un procès à M. de Garagnol. Celui-ci, très retors et habitué à toutes les ruses de la chicane, voulut d'abord faire trainer la procédure en longueur; il obtint même un arrêt du Parlement de Grenoble pour faire juger ce procès à Vienne; mais Ennemond de Murinais, par une supplique au roi, obtint que sa cause fût entendue à Grenoble.

Ennemond de Murinais, avons-nous dit, était à Valence au moment de la mort de sa mère. Il s'y

trouvait en qualité de capitaine commandant un
bataillon de cavalerie du régiment de Sault. Il
avait obtenu la commission de son grade en 1675
par un décret signé du roi Louis et de de Créqui.
Il servit pendant quatorze ans dans ce régiment
sans manquer une seule campagne, en Piémont,
Hollande, Allemagne et Roussillon. L'histoire du
temps nous apprend qu'il combattit avec honneur
dans toutes les actions et les sièges soutenus par
son régiment. Ce fut pendant un arrêt de quelque
temps de repos à Valence, qu'il apprit la conduite
de M. de Garagnol envers sa mère. Lorsqu'il eut
terminé ce procès, pour lequel il eut gain de cause,
il rejoignit son bataillon. Pendant un séjour de sa
compagnie à Pignerol, il connut la famille des
marquis de Levrone. Julie de Levrone était fille de
M. le marquis Horace de Levrone, gouverneur de
Bene, en Piémont. Cette famille de noblesse ancienne et illustre comptait des amiraux, des gonfa-
loniers, des podestats. Elle était alliée aux Salviati,
Strozzi, Capponi, Albizzi. Le beau-frère de Julie de
Levrone était un de Bartholy, ambassadeur de la
République de Florence.

La fille de ce de Bartholy vint habiter la France,
elle épousa M. le marquis de Breves de Saint-
Bonnet-les-Ouilles. De son mariage, en 1667, avec
Mlle Julie de Levrone, Ennemond de Murinais eut
deux fils, Pierre et Charles. En 1667, Ennemond
de Murinais obtint un certificat de M. l'intendant
Dugué, qui constatait l'ancienne noblesse de race

de sa maison, il relate les pièces présentées, donne acte d'hommage qu'il fit au Roi des terres et seigneuries de Murinais, Bonrepos, Jarrie et Eclose. Ensuite de cette attestation, M. de Murinais fut deux fois nommé cornette de la noblesse du Dauphiné marchant à l'arrière-ban des armées. M. Charles de Murinais, frère d'Ennemond, avait été reçu chevalier de Malte ; mais, après quelques années de service à Malte, il revint à Murinais. Il entra au séminaire de Valence en 1671. A un voyage qu'il fit à Murinais en 1673, il acheta de Mme du Condray, fille de M. du Marteray et de demoiselle de Loras de Vernax, par l'intermédiaire de M. Pierre de Fassion, des domaines à Roybon. En 1674, il fut ordonné prêtre à Valence et entra ensuite dans l'ordre de Saint-Ruff. Son supérieur l'envoya dans le monastère de cet ordre à la Côte-Saint-André. Il put venir assez fréquemment à Murinais, et même après quelques années, son frère Ennemond lui fit accorder, à titre de bénéfice, la rectorie de la chapelle Saint-Sébastien, à Murinais.

La famille de Falcoz de la Blache, plusieurs fois alliée aux familles de Murinais et d'Auberjon, comme nous l'avons vu par le mariage de Eléonore de Falcoz, en 1470, avec François d'Auberjon, quitta la Blache, près Vinay, en 1669. Alexandre de Falcoz de la Blache, l'aîné de cette famille et le chef des armes de sa Maison, acheta de M. le marquis Mitte de Chevrières de Saint-Chamond, la comté et baronnie d'Anjou, où il se fixa à partir

de cette époque. Ce fut du temps d'Ennemond de
Murinais que le service religieux subit des transfor-
mations à remarquer dans la communauté de Murinais. Nous avons relaté les diverses fondations de
chapelles dans l'église paroissiale, la place qu'occu-
pait la chapelle seigneuriale et le tombeau de la
famille. Nous avons vu que M. Bertrand de Murinais et sa femme, Mlle de Bonrepos, désirait réédifier auprès du château de la Balme, la chapelle qui
depuis un temps immémorial se voyait en ruine
près de la tour du vieux château, lui-même fortement atteint par les brèches causées par les assauts
des guerres du moyen-âge et par les ruines, effets
des successions des siècles qu'il avait vus passer.
Bertrand de Murinais avait obtenu de Mgr l'Archevêque de Vienne cette autorisation. Les archives
de Murinais contiennent deux pièces importantes à
ce sujet, à la date de 1684. Elles sont en latin,
signées de Mgr Jérôme de Villard. Elles donnent
l'autorisation de faire bénir cette nouvelle chapelle,
délèguent M. l'Archiprêtre de Saint-Marcellin à cet
effet et permettent d'y faire célébrer la messe.
Désormais il y eut un aumônier pendant fort longtemps pour cette chapelle. Les chapelles du
seigneur dans l'église paroissiale possédaient de
forts revenus, les services de fondation furent
assurés par une autorisation particulière de Rome,
obtenue par M. Compain, banquier à Lyon, en
1685; le recteur nommé s'appelait Chabert; toutefois, ainsi que nous l'avons dit, la chapelle de

Saint-Sébastien fut donnée en rectorie à M. Charles de Murinais, chanoine de Saint-Ruff.

Les fondations pieuses faites par la famille de Murinais, soit à Murinais, Chevrières, Quincivet, Saint-Marcellin et Peyrins, s'élevaient pour chacune de ces paroisses à une somme de rente élevée. La révolution de 1793, sans respect pour les donations, érigea le vol à la hauteur d'une institution, et actuellement, non seulement les partisans de ces spoliations refusent de servir la rente du capital enlevé soit aux églises, soit aux familles gardiennes des droits de ces fondations pieuses, mais encore parlent de s'emparer des donations faites depuis la grande révolution. C'est une amère leçon pour ceux qu'une confiance trop grande pousse à ces dotations lorsque des institutions gouvernementales meilleures donnent un espoir de sécurité que l'instabilité des régimes qui se succèdent rend vain et trompeur. Il faut espérer que tant de leçons successives feront naître des résolutions qui suggèreront des moyens plus sûrs, pour assurer les fondations et donations que la confiance perdue en l'honnêteté de ces institutions bouleversées ne peut plus garantir.

La chapelle de la Balme, édifiée en 1684 pour remplacer celle du vieux château, a existé jusqu'en 1775. A cette date, Mme la marquise de Murinais, née La Vieuville de Saint-Chamond, la trouvant insuffisante et désirant la faire rééditier avec plus de richesse, s'adressa à son oncle, M. l'abbé de

Brèves, grand-vicaire de Vienne, pour en obtenir
l'autorisation. Elle fut construite à gauche de la
cour du château, au couchant, et lorsque M. le
marquis Charles de Murinais entreprit, en 1860, la
restauration du château de Murinais, qui, depuis
1720, n'avait subi que des réparations d'entretien,
il remplaça cette chapelle par celle qui existe aujourd'hui. L'architecte, M. Berruyer, a su, par la
beauté de son développement en style ogival, lui
donner un véritable cachet religieux rehaussé par
une grande richesse de peintures et de décorations.

Le procès que M. Ennemond de Murinais soutint
contre M. de Garagnol nous a fait connaître l'achat
fait par Mme de Bonrepos, veuve de M. Bertrand de
Murinais et mère d'Ennemond, du domaine noble
de Brochenu. Cette maison forte existait en 1317,
ainsi que nous l'avons vu par l'acte d'hommage à
cette date par Jean et Pierre de Brochenu. La
situation de cette maison fortifiée, berceau de la
famille de Brochenu, est admirable. Placée au
sommet d'une petite éminence, elle domine une
vallée de fertiles prairies, et en face la vue s'étend
sur les coteaux boisés de Quincivet. C'était à l'église
de Quincivet que les de Brochenu allaient aux offices
religieux. En 1646, la famille de Brochenu habitait
encore ce château. Nous avons parlé de l'alliance
de Françoise de Brochenu avec Laurent de Murinais. En 1676, Mme de Murinais, née de Bonrepos,
épouse en secondes noces de M. de Garagnol de
Verdun, acheta le domaine de ses propres deniers;

6

aussi, lors du procès soutenu par Ennemond contre M. de Garagnol, il réclama le domaine de Brochenu; M. de Garagnol, n'ayant que son traitement de vibailly de Saint-Marcellin, n'aurait pu faire l'achat de cette terre, néanmoins elle lui resta en propriété, la preuve ne pouvant être établie. Cet achat de 1676 fut fait au prix de 4,000 livres. M. de Garagnol donna Brochenu en dot à sa fille lorsqu'elle épousa M. de Beaumont, seigneur de Saint-Sauveur et Beauvoir. Mme de Beaumont vendit cette terre à un nommé Effantin Marchand de Chevrières. Le fils de cet Effantin revendit ce domaine en 1724 à M. de la Meyrie Dunan, seigneur de Nerpol. Un arrêt de l'intendant de la justice du Dauphiné de cette année 1724 obligea les possesseurs de fiefs à prêter hommage. M. de la Meyrie, bien que sachant que Brochenu était de la mouvance de la seigneurie de Murinais, se rendit à Grenoble et prêta hommage au roi pour son château de Brochenu. M. le marquis Pierre de Murinais, qui en eut connaissance, cita M. de la Meyrie devant la Cour des comptes de Grenoble. Il obtint un arrêt, en 1737, cassant l'hommage prêté par M. de la Meyrie, ordonnant qu'il serait rendu à M. de Murinais en vertu de ses droits. L'arrêt se base sur l'échange de Pierre de Murinais en 1315 et sur l'exécution dans la suite des clauses de cet échange par la soumission des seigneurs de Brochenu. En 1755, Laurent de la Meyrie vendit cette terre de Brochenu à Mme de Murinais, née La Vieuville de Saint-Chamond. Elle est encore aujourd'hui au nombre des domaines possédés par Mme la marquise de Murinais.

Lorsque les seigneurs de Brochenu quittèrent ce château en 1646, ils acquirent des biens à Chatte, mais ils n'y habitèrent pas longtemps. Ils devinrent possesseurs de la terre de Valbonnais et plus tard de celle de Montcarrat. Il y eut plusieurs de Brochenu conseillers au Parlement du Dauphiné. En 1746, nous voyons dans un contrat de mariage de Jean de Rigaud de Serezin avec Mlle Françoise de Brochenu de Valbonnais, que son père était le descendant de cette famille de Brochenu et était qualifié de marquis de Valbonnais, seigneur de Montcarrat. Il était premier président de la Cour des comptes du Dauphiné; sa mère était née de Pourroy de l'Auberivière. La fille d'un M. de Rigaud de Serezin épousa un de Loras Montplaisant, et la dernière descendante de cette famille de Loras épousa M. le marquis Charles de Murinais, mort en 1872.

Par une lettre d'un M. de Brochenu, datée de Montrigaud en 1710, à M. de Murinais, nous apprenons qu'il existait dans ce lieu, à cette époque, une branche de cette famille.

En 1700, M. Ennemond de Murinais reçut du roi le brevet de page de sa grande écurie. Les pièces généalogiques établissant les preuves de noblesse pour cette réception sont contresignées d'Allard, généalogiste du roi en Dauphiné.

Différents actes de cette époque nous font connaitre les noms des familles de Chateaudière, vers Chatte; du Colombier, à la Sône, qui eurent des relations avec M. de Murinais. En 1710, M. de Murinais fit l'acquisition à Murinais des vignes de la Fayarde, qui lui furent vendues par un nommé Fayard, et le domaine de la Grange Neuve, qui appartenait à un M. Lambert.

M. Ennemond de Murinais perdit sa femme, Mme de Levrone, en 1710. Il était déjà lui-même âgé; ses longues campagnes avec le régiment de Sault lui avaient causé plusieurs infirmités; en 1713, pendant une longue maladie, il fit son testament. Ses deux fils, Pierre et Charles, le premier capitaine, le second lieutenant, tous deux au régiment de Flèche, se hâtèrent de revenir de Wissembourg, où était leur corps d'armée. Une lettre de Catherine de Murinais, religieuse à Tullins, une autre de Louise de Murinais, religieuse à Saint-Marcellin, nous font connaître l'affection profonde et la douleur de tous les enfants d'Ennemond à la nouvelle de la maladie de leur père. Les soins qu'il reçut le sauvèrent de cette maladie, il vécut jusqu'en 1719. Ses dispositions testamentaires nous montrent le profond esprit de foi et de piété qu'il avait conservé malgré sa longue vie errante au milieu des armées. Il demandait à être enseveli dans le tombeau des seigneurs de Murinais, dans leur chapelle de l'église paroissiale, auprès de sa femme bien-aimée, Julie de Levrone; il léguait tous ses biens à son fils Pierre et fait divers legs à ses autres enfants.

CHAPITRE XV.

Pierre et Charles, après la mort de leur père
Ennemond, avant de partir rejoindre leur régiment
de Luynes, signèrent une convention entre eux, pour
s'engager à exécuter fidèlement les ordres de leur
père. Les termes de cette convention nous témoi-
gnent du grand respect qu'ils avaient pour lui.
Charles de Murinais mourut sans alliance, il vécut
et mourut en soldat. Une lettre de lui, datée de
Valenciennes, en 1725, nous le fait connaître
capitaine au régiment de Chevreuse; en 1727, il
fut reçu chevalier de Malte; deux pièces signées du
roi, à la date de 1735, nous apprennent qu'en
témoignage de satisfaction de ses longs et brillants
services, son roi le nommait chevalier de l'Ordre
royal et militaire de Saint-Louis; ce brevet
marque son grade de capitaine au régiment de
Chevreuse; c'est la dernière pièce possédée sur
Charles de Murinais; nous ignorons s'il périt

dans quelque bataille, mais il ne revint pas à Murinais.

Son frère, Pierre de Murinais, qui avait hérité de son père des seigneuries de Murinais, Bonrepos, Jarrie, Eclose et de grands biens en Piémont, est le premier de la famille de Murinais qui soit qualifié du titre de marquis. Huit pièces ou lettres signées du roi Louis et de d'Argenson lui marquent ce titre. Il passa presque toute sa vie à l'armée. En 1704, capitaine de cavalerie au régiment de Grignan, aide-major au même régiment en 1705, aide-major au régiment de Flèche au camp de Lérida en 1709; en 1720, il passe au régiment de Luynes en qualité de capitaine; c'est cette année que ses brillants services lui firent mériter le brevet de chevalier de l'Ordre de Saint-Louis. En 1721, nous le retrouvons à Besançon, où il prête serment pour sa charge de capitaine au régiment de Luynes. Il obtint un congé à cette époque et revint en Dauphiné.

Depuis l'année 1200, le château de Murinais, proprement dit de la Balme, n'avait subi que des réparations d'entretien. En 1721, Pierre de Murinais le fit presque reconstruire en entier, et depuis cette date il est resté tel quel jusqu'en 1860, époque de la réparation importante que M. le marquis Charles de Murinais lui fit faire, et qui le place par la beauté d'ensemble et par le cachet d'élégance et de grandeur au rang des plus remarquables châteaux du Dauphiné.

En 1725, Pierre de Murinais fit le voyage de
Grenoble pour prêter hommage au roi pour les
seigneuries de Murinais, Bonrepos, Jarrie et Eclose;
de là il se rendit à Maubeuge, où se trouvait son
régiment. En 1741, il était à Vassy lieutenant-
colonel du régiment de Salles. En 1745, il donna
sa démission et se retira définitivement à Murinais
pour se consacrer à l'éducation de ses enfants et à
l'administration de ses biens. En 1719, il avait
épousé Mlle Geneviève de Brèves, fille de M. le
marquis de Brèves. Cette famille habitait Brèves,
près Autun; son illustration la plaçait au rang des
premières familles. Le grand-père de Mlle de Brèves,
après avoir été ambassadeur à Constantinople et à
Rome, fut appelé par Henri IV à la dignité de
gouverneur du duc d'Anjou. Les alliances de cette
famille avec les de Guiscard, de Bartholy, du
Plessis-Jarzé, de Thou, de Beaumanoir, de la
Bourlye, d'Aumont, de Damas donnaient à M. le
marquis Pierre de Murinais de puissantes protec-
tions à la Cour de France. Le mariage de Mlle de
Brèves avec M. de Murinais fut célébré au château
et à l'église d'Anières, seigneurie appartenant à
M. le marquis de Brèves. Mlle de Brèves était née à
Brèves en 1696 de M. le marquis Camille Savary
de Brèves et de Mme Catherine de Guiscard. De
cette union, M. Pierre de Murinais eut deux fils,
M. Guy de Murinais et M. Antoine-Victor de
Murinais, et trois filles, dont deux religieuses au
monastère de Sainte-Marie-d'en-Haut, à Grenoble,

et la troisième, Henriette-Louise, qui épousa M. le marquis de Costa, en Savoie.

M. Pierre de Murinais fit recevoir ses deux fils pages à la Cour en 1741. Guy, l'aîné, était né en 1728; il avait eu pour parrain M. le marquis de Maugiron, grand bailly d'épée du Graisivaudan; le cadet, Antoine-Victor, né en 1731, avait eu pour parrain M. de Falcoz de la Blache comte d'Anjou, représenté par M. de Rostaing, et pour marraine, Mme de Rostaing, née de Villeneuve.

En 1742, un ordre signé du roi et de de Breteuil ordonna à MM. Guy et Antoine de Murinais de se rendre au régiment de Brancas, où ils étaient nommés lieutenants. Antoine-Victor comte de Murinais, chevalier de Malte, fut plus tard aide-major de gendarmerie, puis maréchal des armées du roi, commandant la province de Bretagne, et ensuite membre des cinq cents; il fut déporté dans une cage de fer à Sinnamary, où il mourut. De son mariage avec Mlle de Charnoy, il eut un fils qui épousa Mlle de Beaufort, fut officier supérieur des gardes du corps de Louis XVIII et de Charles X et mourut sans enfants en 1834.

Guy de Murinais était page à la Cour du temps que son père était lieutenant-colonel à Vassy. En 1745, M. Guy de Murinais, qui était major au régiment de Brancas, fut nommé lieutenant-colonel au même régiment; quelques années après, il obtint le grade de guidon de gendarmerie.

Nous avons vu qu'en 1745 M. le marquis Pierre

de Murinais avait donné sa démission de lieutenant-
colonel pour se retirer à Murinais. Il s'y occupa de
régler deux procès qui lui étaient intentés au sujet
de ses terres de Jarrie et Bonrepos, héritées de
M. de Jouffray, et de la terre d'Eclose que M. de
Martel, son cousin, lui avait laissée. Il passa quelque temps au château de Villeplat, près de Valence,
avec Mme de Murinais, née de Brèves, son épouse,
auprès de sa belle-sœur, Mme la baronne de Brèves
de Saint-Bonnet. Peu après, M. Pierre de Murinais
dut faire un voyage en Piémont. Les biens qu'il
tenait de sa mère et qui étaient considérables donnaient beaucoup de difficultés. M. de Murinais
s'adressa à M. d'Augervilliers, ministre d'Etat, pour
obtenir des lettres pour l'ambassadeur de France à
la Cour de Sardaigne. Sa Majesté le Roi de Sardaigne accorda à M. de Murinais, pour lui et ses
descendants, des lettres patentes qui leur accordaient
le titre de naturalisation. Il était depuis peu de
temps de retour à Murinais, lorsqu'il reçut une
lettre de M. de Bethune, ministre de la guerre,
l'informant de la publication de lettres patentes du
roi, contresignées par d'Argenson, nommant Guy,
son fils ainé, au grade de lieutenant-colonel; il avait
reçu une lettre de M. de Rigaud de Serezin, commandeur de Malte, l'informant que l'instruction
prescrite pour l'admission de son second fils,
Antoine-Victor, était achevée; il partit aussitôt avec
ses deux fils pour Paris. L'accueil qu'il reçut à la
Cour fut des plus flatteurs; deux lettres, adressées

à Mme de Murinais, une de M. le duc de Luynes, l'autre de M. le duc de Chevreuse, nous font connaître les témoignages d'amitié dont ils furent honorés. Le roi n'ignorait pas les grandes dépenses que M. de Murinais avait faites à l'armée pour l'entretien de son bataillon, et les marques de sa valeur étaient manifestes par la blessure qu'il avait reçue au visage, en 1704, à la bataille d'Hœstel, et dont il souffrait continuellement. Bien qu'il restât à M. Pierre de Murinais une belle fortune, composée, outre les capitaux, des terres seigneuriales de Murinais, Villeplat, Eclose, Jarrie, Bonrepos, la Vaure-en-Forez, elle était bien diminuée par les charges militaires. Le roi, satisfait des services de MM. Pierre et Antoine de Murinais et voulant relever leur fortune amoindrie à son service, fit accorder au fils aîné de M. Pierre de Murinais, Guy, âgé de vingt-un ans, la main de Mlle la marquise de la Vieuville de Saint-Chamond de Vienne; la parenté de Mlle de Saint-Chamond avec le roi était un honneur pour MM. de Murinais. Le mariage fut célébré dans la chapelle du château de Versailles, en présence du roi et de la reine, qui signèrent au contrat, et de toute la Cour. Nous citerons une partie de ce contrat :

« Par-devant les conseillers du roi, notaires à
« Paris, soussignés, furent présents haut et puissant
« seigneur Pierre-Joseph d'Auberjon, chevalier,
« comte de Murinais, seigneur de la Balme, Bon-
« repos et autres lieux, ancien capitaine de cava-
« lerie, chevalier de l'Ordre royal et militaire de

« Saint-Louis, tant en son nom que comme fondé
« de la procuration générale et spéciale à l'effet qui
« suit de haute et puissante dame Louise-Geneviève
« Savary de Brèves, son épouse, ladite procuration
« attachée sous le sceau de ladite légalisation de-
« meurée annexée à la minute des présentes, pour
« y avoir recours après avoir été certifiée véritable,
« signée et paraphée en présence des notaires
« soussignés par ledit seigneur comte de Murinais,
« stipulant auxdits noms pour haut et puissant
« seigneur Guy - Joseph - François - Louis - Pierre
« d'Auberjon, chevalier, marquis de Murinais, son
« fils aîné, guidon de gendarmerie, ici présent, et
« stipulant aussi pour lui et en son nom comme
« émancipé par ledit seigneur son père et mis hors
« de la puissance paternelle aux formes de droit,
« afin qu'il soit libre et puisse agir comme père de
« famille, d'une part ; et dame Catherine Nicolle de
« Benoise, veuve de M. Pierre Gruyn, chevalier,
« conseiller d'Etat, garde du trésor royal, au nom
« et comme curatrice aux causes et actions de
« haute et puissante demoiselle Geneviève-Louise
« de la Vieuville de Saint-Chamond de Vienne, sa
« petite-fille et fille de défunt haut et puissant
« seigneur Charles-Louis de la Vieuville, chevalier,
« marquis de Saint-Chamond, comte de Vienne,
« Confolans, Myolans, baron de la Villate, Argil-
« lière, la Prade, la Faillade, premier baron du
« Lyonnais et Savoie, seigneur du Chatellard, la
« Vallade, Doissin et autres lieux, maître de camp

« de dragons, chevalier de l'Ordre militaire de
« Saint-Louis, brigadier des armées du roi, et
« haute et puissante dame Geneviève Gruyn, mar-
« quise de Saint-Chamond, son épouse, père et
« mère de ladite demoiselle de Saint-Chamond,
« mineure, émancipée d'âge suivant les lettres
« obtenues chancellerie du Palais à Paris,

« Lesquels, pour raison de mariage prêt à se
« contracter entre ledit seigneur marquis de Mu-
« rinais et ladite demoiselle de la Vieuville de
« Saint-Chamond, ont fait et arrêté entre eux les
« traités et conventions qui suivent, avec la per-
« mission de l'agrément et en présence du roi, de
« la reine, de Mgr le Dauphin, de Mme la Dauphine,
« Mmes de France, S. A. S. Mgr Louis-Joseph de
« Bourbon, prince de Condé, et encore en la
« présence des seigneurs et dames leurs parents et
« amis ci-après nommés, savoir : de la part dudit
« seigneur marquis de Murinais, de haut et puis-
« sant seigneur Marie-François Savary, chevalier,
« comte de Brèves, seigneur de Chatellenie du
« Plessis-Bourrée, chef et écuyer en Anjou, ayant
« le germain maternel sur ledit seigneur futur
« époux; de Mgr le duc d'Aumont, Mgr le duc
« de Mazarin, M. le marquis de Guerchy, M. le
« marquis et Mme la marquise d'Anlezy, et de
« M. de Chabo, ses parents ; et de la part de ladite
« demoiselle de Saint-Chamond, de très haut et
« très puissant seigneur Charles-Louis-Auguste duc
« de la Vieuville, son frère, chevalier, marquis de

« Saint-Chamond, colonel d'un régiment d'infan-
« terie de son nom ; très haut et très puissant
« seigneur Marc-Antoine de Custine, maréchal des
« camps et armées du roi ; très haute, très
« puissante dame Catherine-Louise de la Vieuville
« de Saint-Chamond, son épouse ; très haute et
« très puissante dame Catherine Nicolle Gruyn,
« veuve de très haut et très puissant seigneur
« Louis-Dominique de Cambis de Villeron, comte
« de Cambis, lieutenant général des armées du
« roi, chevalier de ses ordres et son ambassadeur
« à la Cour d'Angleterre, ladite dame tante mater-
« nelle ; messire Charles-Auguste de Benoise,
« chevalier, seigneur de Cavé, grand-oncle ma-
« ternel ; très haut et très puissant seigneur Nicolas
« de Cambis de Villeron, gouverneur des villes et
« vigueries de Cisteron, de Villeneuve-les-Avignon,
« maitre de camp du régiment de Bourbon cava-
« lerie, cousin germain maternel ; très haut, très
« puissant seigneur François-Fortuné d'Herbouville,
« chevalier, comte d'Herbouville, chevalier de
« l'Ordre royal et militaire de Saint-Louis ; très
« haute et très puissante dame Anne de Cambis
« de Villeron, son épouse, cousine germaine
« maternelle ; de M. le comte et de Mme la
« comtesse de la Vieuville, de M. le marquis de
« la Vieuville, de Mme de Parabère, de Mme de
« Bourbon Malauze, comtesse de Poitiers, tante
« maternelle ; de Mgr le maréchal de Noailles,
« de Mgr d'Argenson, ministre et secrétaire d'État,

« tous parents et amis de la demoiselle future
« épouse. »

Nous avons tenu à faire connaître avec quelles
alliances le nom de la Vieuville de Saint-Chamond
s'unissait à la famille de Murinais. Mlle de Saint-
Chamond était fille de M. Charles-Joseph de la
Vieuville, comte de Vienne et marquis de Saint-
Chamond, du chef de sa mère, fille de M. le
marquis Jean de Chevrières de Saint-Chamond.
Celui-ci avait épousé Gasparde de la Porte, dame
du Chatellard, Doissin, Sainte-Blandine, Torchefelon,
Montagnieu. La mère de Mlle Gasparde de la Porte
était Mlle de Montagnieu. Les La Vieuville de Saint-
Chamond, comtes de Vienne, étaient alliés à d'il-
lustres familles ; M. le marquis de Bourbon Malauze
avait épousé une tante de Mlle de Saint-Chamond.
Nous trouvons des alliances avec les familles de
Custine, de Gruyn, de Cambis, d'Escar, de Poitiers,
de Polignac, de Lautrec.

Mlle de Saint-Chamond apportait en mariage,
outre une dot considérable, les terres et seigneuries
du Chatellard, Doissin, Champaubert, Confolans,
Montagnieu, la Villate, les Faillades, la Prade,
Beaumarchais, Argilières, Torchefelon et une partie
de Myolans et Saint-Chamond. C'est par Mlle de
Saint-Chamond que la terre actuelle de Marlieu
reçut son plus grand accroissement. M. de Martel,
petit-fils de Marie de Rivail et neveu de M. de
Saint-Marcel, avait déjà donné à son cousin, M.
Pierre de Murinais, les domaines de Saint-Marcel,

Eclose; Mlle de Saint-Chamond en y ajoutant ceux de Sainte-Blandine, Montagnieu, le Chatellard, Torchefelon, Doissin et plusieurs autres sur les communes voisines, achevait la composition de la terre appelée Marlieu de nos jours.

La famille de la Porte de Bocsozel habitait depuis longtemps l'ancien château du Chatellard, sur la commune de Sainte-Blandine; un M. de la Porte, par son alliance avec une Demoiselle de Doissin; un autre, par son mariage avec la dernière des de Montagnieu, réunissaient ses seigneuries que Gasparde de la Porte apporta en dot lors de son mariage avec M. Armand Mitte de Chevrières, marquis de Saint-Chamond. La fille de M. le marquis de Saint-Chamond épousa M. Charles-Emmanuel de la Vieuville, comte de Vienne, seigneur de Confolans; M. Charles-Emmanuel de la Vieuville eut un fils et trois filles; l'aînée épousa M. le marquis de Vaubecourt; la seconde, M. le marquis de Custine, et la troisième, M. le marquis Guy de Murinais. Ces seigneuries, pour lesquelles Mme de Saint-Chamond, de Murinais, prêta hommage au roi en 1765, furent complétées par l'achat qui fut fait, en 1783, de la terre proprement dite de Marlieu, de M. de la Porte, pour le prix de 253,000 livres, par Mme de Murinais. Désormais elle se composera sous le nom de terre de Marlieu, de toutes ces seigneuries réunies; c'est là que M. le marquis Antoine de Murinais, fils aîné de M. Guy de Murinais et de Mme de Saint-Chamond, préférera habiter, laissant la terre de Murinais à son frère cadet, M. le comte Timoléon; nous aurons à reparler de Marlieu lorsque nous dirons avec quelle généreuse hospitalité M. le marquis de Murinais donna asile, dans ce château, à ceux de ses parents ou amis poursuivis par les sicaires de la révolution de 1793, asile respecté en témoignage de la puissante affection que les habitants des communes voisines conservaient pour M. de Murinais en retour des bienfaits si nombreux dont il les comblait.

M. Pierre de Murinais avait stipulé au contrat de mariage de son fils qu'il lui abandonnait tous ses biens, ne se réservant que la jouissance des terres de Jarrie et Bonrepos et des biens de Piémont. Il eut à régler la succession que lui laissait sa belle-sœur, Mme de Saint-Bonnet, née de Brèves, et M. du Mottet, seigneur de Sichillienne, son cousin. Il se retira au château de Bonrepos avec Mme de Brèves de Murinais, son épouse; c'est là qu'il eût la douleur de la perdre l'année suivante, 1752.

A partir de cette époque, M. le comte Pierre de Murinais résidait alternativement à Bonrepos, à Murinais ou à Saint-Marcellin. Né en 1683, il vécut jusqu'en 1780. Les années passées à Bonrepos ne furent point une solitude pour lui. Il s'intéressa toujours vivement au sort de ses enfants. Mme la marquise de Costa, sa fille, et M. le marquis de Costa eurent le bonheur de le posséder souvent au château de Villard, en Savoie. C'est là qu'il habita de préférence les cinq dernières années de sa vie. Nous voyons par des lettres de lui à son fils Antoine-

Victor de quels tendres soins il y fut entouré. M. le marquis de Costa, dans son ouvrage : *L'Homme d'autrefois*, nous raconte, avec un talent d'écrivain d'infiniment d'esprit, les jours si bien remplis et si pleins d'une heureuse paix où s'écoulaient les dernières années de M. Pierre de Murinais. La correspondance qu'il entretenait avec son cousin, **M. de Bellescize**, le prieur de l'abbaye de Saint-Antoine, M. le comte d'Anjou, M. de Vaulxerre, Mme la duchesse de Luynes, M. l'abbé de Brèves, grand vicaire de Vienne, M. de Viriville, nous indique la considération universelle dont il jouissait.

Il suivait avec tendresse les premiers pas dans le monde et à la Cour, à Paris, de ses deux petits-fils, Timoléon et Antoine-Victor de Murinais, fils de feu M. Guy de Murinais. Il fit même, malgré son grand âge, un voyage à Versailles quelques années avant sa mort, pour les y visiter. Le dernier acte pieux qu'il laissa en témoignage de sa foi fut les trois fondations de missions, qu'il assura par une rente, dans les communes de Murinais, Bonrepos et du Villard en Savoie. Son dernier testament est de 1780, fait à Saint-Marcellin ; il léguait tous ses biens à son petit-fils Antoine-Victor, marquis de Murinais. Nous ne savons s'il est mort à Bonrepos ou à Murinais.

CHAPITRE XVI.

M. Guy de Murinais, depuis son mariage, avait obtenu son brevet d'enseigne de gendarmerie, charge qui lui avait coûté 100,000 livres ; il réussit à faire accorder à son frère Antoine-Victor le brevet de guidon du même régiment ; ce fut en 1758. A partir de cette année, M. Guy de Murinais ne quitta que très peu son régiment ; plusieurs lettres de lui, datées du camp de Norteim de l'armée de Soubise, nous font voir qu'il y passa presque cette année entière. Il revint vers le commencement de 1759 et resta à Murinais jusque vers le 5 mai, date de son retour à l'armée. Voici un fragment d'une lettre qu'il écrivit du camp d'Hetworde à Mme de Saint-Chamond Murinais, à la date du 10 juillet :

« M. le duc de Broglie s'est rendu maître hier « au soir de Minden par des manœuvres aussi « adroites qu'elles ont été hardies. On y a pris le « général Zastrou, avec 1,400 hommes et d'assez

— 99 —

« gros magasins ; nos troupes sont entrées par la
« porte du pont pêle-mêle avec des détachements
« de la garnison qui étaient sortis sur le soir pour
« brûler un magasin de fourrages qui était dans
« un ouvrage avancé qui couvrait le pont : c'étaient
« quelques compagnies de grenadiers que le duc
« de Broglie avait fait passer le Wezer avec lui
« par un bac, avec 150 hussards qui ont fait cette
« heureuse pointe par ce côté-là, tandis que le duc
« faisait sommer en règle le gouverneur de l'autre.
« Cet événement réserve fort 3,000 hommes qui
« sont dans Hamelein, nous ouvre le pays du
« Hanovre, force le prince Ferdinand à se retirer
« sous Bresme, ou à recevoir un combat fort désa-
« vantageux. Le corps de M. d'Armentières est
« devant Munster, où il y a peu de monde. Voilà,
« Madame, la marche de nos opérations actuelles
« qui ont été amenées par une marche fort leste,
« fort difficile et très bien exécutée. »

Le 26 juillet, M. Guy de Murinais écrivit encore
une lettre à son père ; il était toujours à Minden.
Le 2 août eut lieu la bataille sous les murs de cette
ville. M. Guy de Murinais eut son cheval tué sous
lui et lui-même reçut deux coups de feu qui lui
déchirèrent les entrailles. Relevé au bout de quelques heures par les soldats ennemis, il fut porté par
eux dans une grange voisine du lieu du combat. Ce
fut là qu'il mourut, après avoir fait connaître son
nom. Il fut enterré dans le verger situé à côté de
cette grange. Le lendemain, son frère, M. Antoine-

Victor, après l'avoir fait chercher en vain partout, ne sachant ce qu'il était devenu, fut forcé de s'éloigner et de suivre son régiment de gendarmerie à Cassel. Ce fut de là qu'il écrivit une lettre qui jeta l'alarme dans le sein de la famille de Murinais. Après plusieurs jours de recherches, le major inspecteur du régiment obtint les renseignements que nous venons de donner.

Mme de Saint-Chamond Murinais était, à cette époque, malade au lit; elle devait accoucher de son quatrième enfant. Aussi, on lui cacha tout d'abord cet affreux malheur. M. Pierre de Murinais et son fils Antoine-Victor étaient accourus à Saint-Marcellin, auprès de Mme de Saint-Chamond Murinais. Elle avait, de son alliance avec M. Guy de Murinais, trois enfants : Nicole de Murinais, alors âgée de huit ans; Antoine-Victor, âgé de six ans; Charlotte-Geneviève, âgée de quatre ans, et le 8 novembre de cette année 1759, naquit M. Timoléon. M. Antoine-Victor eut pour parrain son oncle, frère de son père, M. le comte Antoine-Victor de Murinais, et pour marraine, Mme la marquise de Custine, née La Vieuville de Saint-Chamond. M. Timoléon avait eu pour parrain M. le duc d'Aumont, son oncle, et pour marraine, Mme la marquise de Costa, sa tante; tous deux naquirent à Saint-Marcellin.

Aussitôt que l'état de sa santé le lui permit, Mme de Murinais fit présenter une requête à M. le vibailly de Saint-Marcellin, pour lui demander d'autoriser une assemblée de parents, afin de nommer un tuteur. A cette assemblée furent convoqués MM. de la Porte de l'Arthaudière, de Falcoz de la Blache, de Beaumont, de Fassion de Sainte-Jay, de Chartronnière, tous parents de la famille de Murinais et fixés à Saint-Marcellin ou dans les environs. M. Antoine-Victor de Murinais fut nommé tuteur, et l'administration des biens laissée à Mme de Murinais.

Mariée à dix-sept ans, veuve à vingt-cinq ans avec quatre enfants, elle montra dès cet instant une rare énergie et un talent d'administration remarquable. Nous retrouvons vérifiés de sa main les comptes de ses hommes d'affaires pour les terres seigneuriales de la Prade, des Faillades, en Languedoc; de la Vaure-en-Forez, de Bonrepos, Jarrie, Myolans, Saint-Chamond, Argilières, la Villate, Confolans, Champaubert et de la terre de Marlieu, composée des domaines de Doissin, Montagnieu, Sainte-Blandine, le Chatellard, Eclose, Torchefelon. Elle commença résolûment le règlement d'un grand nombre de dettes que son mari et son beau-frère de Murinais avaient dû faire pour les dépenses de leur régiment. Elle vendit ce qu'elle avait de la terre de Saint-Chamond et les bois du Pilat pour 650,000 livres. Lorsqu'elle eut acquitté ses dettes, elle poursuivit avec fermeté ceux qui en avaient envers elle; nous retrouvons un nombre considérable de procès qu'elle intenta à des débiteurs solvables, mais négligents. Les successions de

MM. du Mottet, de Jouffray, de Martel lui causèrent
encore beaucoup de difficultés par des réclamations
plusieurs fois injustes. Elle fut admirablement secondée dans ces difficultés continuelles par le zèle
de son homme d'affaires de Murinais, M. Bayle, qui
fut chargé par elle de l'inspection de toutes ses
terres. Mme de Saint-Chamond Murinais habita
presque continuellement Saint-Marcellin. Depuis
près de deux cents ans, la famille de Murinais
louait une maison dans cette ville; Mme de Murinais
y acheta une habitation de M. de Lessertat, qui
lui-même l'avait acquise de M. de Rouchine de
Cumane. Ce dernier l'avait reçue en héritage de
son oncle, M. de Morges. Cette maison fut le séjour
presque constant de Mme de Murinais.

Elle eut à soutenir un procès très considérable
par l'importance et la valeur des sommes à par-
tager, contre la famille d'Escar.

M. le marquis de Bourbon Malauze, grand-oncle
de Mme de Murinais, avait, par son testament daté
de 1660, ordonné que sa fortune appartiendrait
aux enfants mâles de ses enfants jusqu'au quatrième
degré. M. de Murinais et M. de Custine furent en
droit de réclamer cette succession ouverte en leur
faveur par le décès de M. de Poitiers et de Mme de
Poitiers, née de Bourbon Malauze, morts sans
enfants. Mme de Murinais fit valoir les droits de son
fils et eut gain de cause, ainsi que nous le voyons
par une transaction qui régla ce différend.

Ces multiples questions d'intérêt ne firent point

négliger par Mme de Murinais ses devoirs de mère
pour les soins qu'elle devait à l'éducation de ses
enfants. Dès 1763, elle choisit pour précepteur de
ses fils l'abbé Bonnet, que ses vertus rendaient
apte à développer en ses jeunes élèves les qualités
et les sentiments chevaleresques et religieux que
Mme de Murinais leur avait déjà enseignés. Elle mit
ses deux filles dans un couvent de Lyon, sous la
direction de Mme de Vertrieux, abbesse de Chazaux.

En 1765, elle envoya ses deux fils à Paris, sous
la direction de leur précepteur. Ils y passèrent
quelques années. En 1779, M. Timoléon de Murinais était à Malte. Il y fut reçu chevalier par
Emmanuel de Rohan, grand maître de l'Ordre.
MM. Antoine-Victor et Timoléon de Murinais
étaient à cette époque tous deux capitaines au régiment de Custine, heureux de commencer leurs
premières armes sous la direction de leur oncle,
M. le marquis de Custine, maréchal des armées du
roi. Ils avaient été nommés capitaines par brevet
signé du roi en 1779. Mme de Murinais avait marié
sa fille aînée, Mlle Nicole, à M. le comte de Malyvert;
le mariage fut célébré à Murinais en 1775; mais,
deux ans après, Mme de Malyvert mourut à Bourg
le 13 septembre 1777, en donnant le jour à une
fille, Mlle Victorine de Malyvert; nous aurons à
parler de Mlle de Malyvert mariée à M. le marquis
de Champagne. Mlle Geneviève-Charlotte de Murinais épousa son cousin, M. le marquis de Costa.

Mme de Murinais, souffrante depuis quelques

années, réunit autour d'elle tous ses enfants à
Saint-Marcellin, afin de leur faire ses derniers
adieux ; elle mourut dans cette ville le 26 juin 1785,
à l'âge de cinquante-deux ans et fut ensevelie dans
le cimetière de cette ville. Excellente chrétienne,
mère tendre et dévouée, elle unissait ces qualités à
un grand esprit ; elle avait un cœur d'une intaris-
sable bonté pour ceux qui réclamaient son secours.
Nous avons trouvé un grand nombre d'exemples
de sa généreuse libéralité. Aussi Dieu l'avait bénie
dans ses enfants : elle laissait des fils portant haut
à l'armée le nom de Français, aux parlements le
devoir et l'honneur sans défaillance et en famille
une vie digne des exemples de leurs ancêtres.
M. le marquis Antoine de Murinais reçut Marlieu
en partage et y fit dès lors sa résidence habituelle.
M. le comte Timoléon reçut Murinais pour sa
part.

CHAPITRE XVII.

Déjà le vent de la révolution commençait à souf-
fler sur la France, une fièvre de passions soulevées
agitait la province, après avoir commencé à ébranler
le trône. En 1788, M. Timoléon de Murinais fut
nommé, par le bureau de l'élection de Romans,
député de la noblesse aux Etats généraux. Son cœur
dévoué à son roi et sa haute intelligence justifiaient
le choix de ceux qui lui remettaient ce mandat. Le
bureau de l'élection de Romans était présidé par
Mgr Le Franc de Pompignan, archevêque de Vienne.
M. le comte Timoléon partit aussitôt à Paris pour
remplir son mandat aux Etats généraux.

En 1791 nous trouvons une pièce signée de
M. Duportail, ministre de la guerre, nommant
M. Timoléon de Murinais capitaine d'une compagnie
de chasseurs à cheval. Il siégea à l'Assemblée constituante jusqu'à la fin de son mandat, en y soutenant
avec fermeté les motions ayant pour but de défendre

les principes de l'ordre, de la monarchie et de la religion, sans se laisser effrayer par aucune menace.

Mais l'Assemblée législative, qui succéda à l'Assemblée constituante, favorisa avec tant de rapidité les progrès de la révolution, que M. Timoléon, ne voyant plus d'espoir, se hâta de rejoindre l'armée de Condé. Il y resta peu de temps et se retira en Angleterre, où il fut obligé de recourir au travail manuel pour assurer ses moyens d'existence.

M. le marquis Antoine de Murinais n'avait pas quitté le château de Marlieu. Il avait épousé Mlle de la Forest Divonne. En 1790, il donna procuration à M. Bayle pour continuer en son nom l'administration de la terre de Murinais.

La présence à Marlieu de M. et Mme de Murinais, de M. de la Forest, beau-frère de M. de Murinais, de M. de Costa et de plusieurs autres amis, était assurée contre tout danger par l'affection universelle des habitants des communes voisines; ce fut la sauvegarde de la fortune de M. Antoine de Murinais, et son séjour non interrompu à Marlieu le mit à l'abri de la confiscation de ses biens. L'administration de Murinais faite en son nom, et la présence au château de Murinais de Mme de Murinais, née de Beaufort, nièce de MM. Timoléon et Antoine de Murinais, assura la possession de Murinais; c'est en partie à ces causes que nous devons d'avoir retrouvé intactes les archives de la famille, véritable trésor par les documents historiques qu'elles contiennent.

M. le marquis Antoine de Murinais eut en 1795 un procès à soutenir avec la commune de Murinais. De 1791 à 1793, les consuls et les notables de Murinais, ayant à leur tête le maire, nommé Suiffon-Cohas, profitant de l'absence de M. Timoléon de Murinais, qui était à Paris, et de celle de M. le marquis Antoine, qui habitait Marlieu, s'emparèrent de la forêt de Pierre, située à Murinais, et firent couper une grande étendue de bois, prétextant que cette forêt avait appartenu à la commune. M. Antoine de Murinais nomma un fondé de pouvoirs, qui cita Suiffon-Cohas, maire, devant le Tribunal de Saint-Marcellin, et ensuite devant le Tribunal de Grenoble, pour le mettre en demeure d'expliquer sa conduite et de produire les titres appuyant son assertion concernant le bois de Pierre, qui, disait-il, avait appartenu à la commune qui en aurait été spoliée par la famille de Murinais. De son côté, M. de Murinais produisit les titres de propriété qu'il avait et prouva que depuis 1315 sa famille avait la propriété de cette forêt, qui alors avait deux cents sétérées, et un acte de 1608 qui prouvait que la Maison de Murinais avait la propriété de cette forêt du reconnu de tous les habitants de ce temps-là. Le Tribunal civil de Saint-Marcellin et celui de Grenoble, par une sentence du premier, en date du 20 mars 1795, du second, du mois de novembre de la même année, reconnaît les droits indiscutables de propriété de M. de Murinais, et condamne la commune aux dépens, et ordonne la publication du jugement à la porte de l'église de Murinais.

M. le marquis Antoine-Victor de Murinais mourut sans enfant, à Marlieu, en 1815, léguant tous ses biens à son frère, M. Timoléon de Murinais. Celui-ci, lorsque la tourmente révolutionnaire fut apaisée et domptée par la main de fer de Napoléon Ier, revint à Murinais, où il se fixa définitivement.

En 1802, il épousa Mlle Rosalie de Loras Bel Accueil, fille de M. le marquis de Loras, mort à Lyon, en 1794, victime de la rage sanguinaire de Collot d'Herbois. De ce mariage naquirent quatre enfants : un fils, Charles, et trois filles, Adèle, Aglaé et Françoise ou Francine.

CHAPITRE XVIII.

Mlle Adèle de Murinais consacra sa vie tout entière
à la pratique des œuvres de charité; elle vécut à
Murinais, dévouée aux soins des malades et des
pauvres. Son extrême désir de voir les enfants de
la campagne instruits et assistés par des cœurs qui
comprendraient comme elle le dévouement dont ils
avaient tant besoin, lui inspira le dessein de former de pieuses institutrices, qui prodigueraient
aussi leurs soins aux pauvres malades. Ce fut le
germe dont Dieu se servit pour la formation des
Religieuses de Notre-Dame de la Croix, dont la
communauté, à peine naissante, est déjà fort répan-
due dans l'Isère. La foi et la piété unies à l'humble
charité que ces pieuses religieuses prodiguent sans
cesse et sans compter, leur a concilié partout où
elles ont des maisons d'éducation, l'estime, le respect et l'affection de tous.

Mlle Adèle, généreusement secondée par son frère,

M. le marquis Charles de Murinais, et par sa sœur,
Mlle Francine, a pu voir la formation, le développement et les fruits de son œuvre pieuse. Quelle
immortelle couronne que celle obtenue par la voie
de la charité pour le pauvre et de l'assistance du
malheureux. Aussi à sa mort, survenue le 15 avril
1857, elle était heureuse de la joie des saints que
Dieu accorde aux siens en récompense de leurs
vertus; son nom et sa mémoire revivent chaque
jour par le bien qui se fait et dont elle fut le
premier instrument.

Mlle Aglaé, seconde fille de M. Timoléon de
Murinais, épousa M. le baron de Viry; elle est décédée en Savoie, le 11 novembre 1833, où sa
mémoire est restée en vénération.

Mlle Francine de Murinais passa toute sa vie au
château de Murinais, dévouée aux siens, entourant
de son affection ingénieuse à prévenir leurs désirs,
tous les membres de sa famille. Elle avait un grand
cœur et une si délicate bonté, que tous ceux qui
l'approchaient emportaient un sentiment de respec-
tueuse affection ineffaçable. Lorsque M. le marquis
Charles de Murinais, son frère, fut atteint par une
longue et cruelle maladie, elle se donna jour et
nuit à lui prodiguer les soins les plus dévoués.
Après sa mort, elle reçut de lui tous ses biens, mais
elle ne les conserva que peu d'années, marquées
néanmoins par de nombreux témoignages de sa
généreuse libéralité. Elle est morte en 1875, laissant un vide que les années ne peuvent faire oublier;

son souveuir reste avec l'auréole d'une vie remplie
de bien accompli.

M. le marquis Charles de Murinais naquit le
11 juin 1804, au château de Murinais. Sa première
jeunesse s'écoula auprès de ses parents, qui ne
voulaient céder à personne le soin de guider les
impressions naissantes dans ce jeune cœur et dési-
raient le former à la vie chrétienne, seule base du
bonheur en ce monde. M. le marquis Timoléon et
Mme de Loras de Murinais reposaient sur la tête de
ce fils unique tout l'espoir de leur Maison. Il était
le seul représentant de la Maison des d'Auberjon de
Murinais; aussi nous pouvons admirer l'éducation
qu'il reçut pour développer en lui les qualités chevaleresques qui étaient comme une tradition de
famille. Lorsque M. Charles de Murinais fut en âge
d'être mis dans un collège, il fut placé sous la
direction de M. Liautard, dans son institution à
Gentilly; quelques années après, il termina ses
études dans la maison de Paris dépendant de cette
institution. Dans ces deux maisons, il se lia avec
des jeunes gens des premières familles de France,
qu'il conserva toujours au nombre de ses amis.
Lorsqu'il eut terminé ses études, son oncle, officier
supérieur des gardes du corps de Louis XVIII,
demanda et obtint pour lui la place de surnumé-
raire aux gardes du corps. Mais M. Charles de
Murinais se sentait porté par ses goûts à la carrière
diplomatique. Aussi demanda-t-il à ses parents à
faire son cours de droit. Il entra ensuite dans les

bureaux du ministère des affaires étrangères pour
s'initier à la diplomatie, et fut en 1828 attaché à
l'ambassade de Florence, où M. de Vitrolles venait
d'être nommé ambassadeur. Il s'y trouva avec
M. de Lamartine, secrétaire de l'ambassade, et fut
par lui présenté aux familles qui fréquentaient la
Cour. D'ailleurs, M. Charles de Murinais, par sa
distinction personnelle, sa politesse exquise, la noblesse et l'affabilité de ses manières, sut s'attirer
une considération qui lui préparait partout un
accueil empressé et le faisait rechercher par toute
la haute société. M. de Vitrolles, qui s'intéressait à
son avenir, lui ménageait tous les moyens de forti-
fier son instruction diplomatique ; on parlait déjà
de le nommer à une ambassade plus élevée, lorsque
la révolution de 1830 vint l'arrêter dans une carrière qui semblait lui réserver beaucoup de succès
et d'honneur. Il quitta Florence et revint à Murinais. Il y trouva son père, M. Timoléon, fort
affecté de la chute de Charles X et affaibli par des
maladies que l'âge rendait plus dangereuses.
M. Timoléon de Murinais mourut l'année suivante,
1831, âgé de soixante-treize ans ; il fut enseveli
dans le tombeau de la famille, dans l'église paroissiale.

Vers la fin de 1832, M. le marquis Charles de
Murinais acquiesça au désir de sa mère et accepta
le choix qu'elle avait fait pour lui. Il épousa
Mlle Henriette de Loras Bel Accueil. Cette ancienne
et illustre Maison du Dauphiné réunissait en

Mlle Henriette les branches des de Loras de Bel
Accueil, de Montplaisant, de Pollionay et des de
Rigaud de Serezin. La fortune dotale apportée par
Mlle de Loras était considérable. Toutefois, si les
qualités que M. de Murinais rencontra en son
épouse affectueuse, dévouée, prévenante et pieuse,
apportèrent la joie à son foyer à Murinais, il eut
parfois à souffrir du caractère de M. et Mme de
Loras, ses beaux-parents.

Plusieurs fois, M. le marquis Charles eut l'espoir
que Dieu lui accorderait la joie d'avoir des enfants,
mais de malheureux accidents, lui causèrent la
douleur de voir sa Maison menacée de s'éteindre
avec lui. Le 20 juillet 1850, il eut la douleur de
perdre son épouse, Mlle de Loras, et toutes ces
afflictions altérèrent gravement sa santé.

M. de Murinais aurait peut-être résisté à toute
pensée d'une alliance nouvelle, malgré les instances
de sa famille, s'il n'avait eu depuis plusieurs années
de nombreuses occasions d'apprécier les qualités
de cœur, d'esprit et de caractère de sa cousine,
Mlle Adèle du Parc. Il combla de joie toute sa
famille en cédant au désir de sa mère, par son
mariage avec Mlle du Parc, qui eut lieu le 27 décembre 1853. Depuis cette époque, M. le marquis
Charles de Murinais vécut retiré au château de
Murinais. Il entreprit la restauration complète du
château, travail remarquable complété par la construction de la chapelle actuelle, digne de figurer
par son élégance architecturale à côté du château

restauré avec tant d'amour, de goût, et de richesse.

La fortune considérable que M. le marquis Charles avait par son oncle, M. Antoine-Victor, qui lui avait légué la terre de Marlieu, et par Mlle de Loras, lui permit de suivre son inclination naturelle à occuper des ouvriers pour construire et réparer dans les nombreux domaines qu'il possédait. Il lui paraissait que la Providence ne lui avait départi une fortune aussi importante que pour répandre l'aisance et les bienfaits autour de lui. On aurait pu dire que la population de Murinais n'était qu'une famille dont il se regardait comme le père. En retour, il est juste de dire qu'il était récompensé par l'affection, le respect et un attachement véritable.

Parmi ses parents qui venaient souvent l'entourer de leurs témoignages d'affection, M. le marquis Charles appréciait tout particulièrement les rares qualités du cœur, le jugement droit, la bonté parfaite de son beau-frère, M. le comte Maurice du Parc. Il se réjouissait lorsque les fils de M. le comte Maurice venaient égayer sa solitude ; aussi, il jugea justement ne pouvoir mieux confier sa terre de Murinais et les traditions de sa famille pour les habitants, qu'à M. le comte du Parc, persuadé qu'avec ses enfants se perpétueraient ces chères traditions de bonté à témoigner et de bienfaits à répandre au milieu de la population de Murinais, prévisions que nous pouvons constater avec une grande joie, réalisées suivant les vues de M. le marquis Charles de Murinais.

M. de Murinais souffrait depuis quelques années de douleurs très violentes dans les jambes; il supporta avec une incroyable patience, que son esprit chrétien fait seul comprendre, d'aussi intolérables souffrances. Il mourut à Murinais le 15 janvier 1872. Il fut enseveli dans le tombeau de famille, auprès de l'église paroissiale de Murinais. Il laissait la propriété de tous ses biens à sa sœur, Mlle Francine; nous avons vu qu'elle ne survécut que de quelques années à son frère; elle mourut en 1875 et fut ensevelie à côté de son frère, M. le marquis Charles. Elle laissait la jouissance de ses biens à Mme la marquise de Murinais, née du Parc, sa belle-sœur; elle donnait la propriété de la terre de Murinais à M. le comte Maurice du Parc et de la terre de Marlieu à MM. de Viry.

En M. le marquis Charles de Murinais s'éteint la branche des d'Auberjon de Murinais. Toutefois, Mlle Francine de Murinais a exprimé avant sa mort son désir que M. le comte du Parc, son cousin et son héritier, prenne le titre et les armes de la Maison de Murinais, en ayant le droit, a-t-elle dit, comme arrière petit-fils de Nicolle de Murinais, épouse de M. le comte de Malyvert. Nous avons déjà vu deux fois le nom de Murinais transmis une fois par Aynarde de Murinais à Artaud du Puy et

une seconde fois à Aymard d'Auberjon par Claudine
de Murinais; nous avons à voir maintenant la
généalogie de la Maison du Parc et son lien de
parenté et d'alliance avec la Maison de Murinais.

CHAPITRE XIX.

Les du Parc tiennent un des premiers rangs parmi les familles de Bretagne par leur premier auteur et par leurs alliances. Eudon comte de Treguier, frère puîné du duc de Bretagne Alain III, épousa une des filles du comte de Cornouailles et en eut cinq fils, quatre moururent jeunes, le cinquième était Etienne comte de Penthièvre, baron d'Avaugour, en 1125. Le fils d'Etienne de Peuthièvre, Henri, n'eut qu'un fils, Alain comte de Penthièvre, baron d'Avaugour; Alain eut, de son alliance avec Marie de Beaumont, un fils, Henri II du nom, comte de Penthièvre, baron d'Avaugour, seigneur de Goëllo, de Mayenne, de l'Aigle, de Chatelaudren. Henri épousa Marie de Brienne, il eut de cette alliance plusieurs enfants, dont l'aîné fut Henri IIIᵉ du nom, baron d'Avaugour, le titre de Penthièvre était rentré dans la famille ducale de Bretagne. Henri III eut deux enfants : une fille,

Jeanne, qui épousa Guy de Bretagne, comte de
Penthièvre, second fils du duc Arthur II, et un fils,
Guillaume, baron d'Avaugour, seigneur du Parc,
le premier des barons d'Avaugour qui prit le nom
de la terre du Parc. Guillaume d'Avaugour du
Parc eut trois enfants, entre autres l'aîné Jean
d'Avaugour du Parc, le chef de la Maison du Parc
actuelle établie en Dauphiné. Cette généalogie est
tirée de d'Hozier, généalogiste du roi. Les d'Avaugour du Parc étaient alliés aux de Montmorency,
le Sénéchal, de Malestroit, de Clérambault. Leur
Maison était au nombre des neuf baronnies de
Bretagne.

Des barons d'Avaugour, qualifiés dans l'histoire
de Bretagne de cadets de la Maison de Bretagne,
sont sorties les branches des seigneurs de Quintin,
Kergrois, Saint-Laurent, la Roche Mabille, de
Courtalain, qualifiés, ainsi que leurs auteurs, de
cadets de Bretagne.

En 1223, les vicomtes de Léon, en butte à
l'inimitié de Mauclerc, duc de Bretagne, réunirent
sous leurs bannières tous les seigneurs leurs alliés ;
à cette ligue le duc opposa ses fidèles barons,
d'Avaugour du Parc, de Vitré, de Fougères, de
Chateaubriant, de Dol, d'Ancigné, de Chateaugiron.
Les deux partis luttèrent pendant deux années, au
milieu des horreurs de la famine, et terminèrent
leurs débats dans la grande bataille d'Auray. En
1343, nous trouvons au nombre des seigneurs de
Laval, de Malestroit, de Montauban, de Quedillac,

des Brieux, du Plessis, de Senedavy, de Morillon, un d'Avaugour victime avec eux de la fureur de Philippe VI, qui les fit tous périr. En 1350, parmi les noms des combattants au célèbre combat des Trente contre les Anglais, nous lisons le nom de Maurice du Parc.

En 1364, ce même Maurice d'Avaugour, seigneur du Parc, prit part, au milieu de la noblesse bretonne, à la bataille d'Auray, sous la conduite de du Guesclin, qui commandait l'armée de Charles de Blois. Le baron d'Avaugour faisait partie du troisième corps d'armée commandé par Charles de Blois lui-même, avec les seigneurs de Rohan, de Léon, d'Ancenis, de Malestroit, de Dinan. Le baron d'Avaugour périt dans cette bataille. Sa sœur avait épousé Jean de Kergorlay.

En 1377, nous retrouvons un du Parc au nombre des nobles bretons marchant sous l'étendard d'Olivier de Clisson, au siège d'Auray. En 1455, une demoiselle Isabeau du Parc épousa Charles de Lanvallay. En 1462, Pierre du Parc était député aux Etats de Bretagne par la ville de Jugon. Son fils, Charles du Parc, était gouverneur de Jugon.

En 1479, nous retrouvons un Bertrand du Parc commissaire du duc de Bretagne pour la révision des titres de noblesse. Parmi les noms des nobles restés fidèles au duc de Bretagne dans ses démêlés avec Charles VIII, nous retrouvons les seigneurs du Parc. C'est à peu près vers 1350 que les barons d'Avaugour, seigneurs du Parc, quittèrent le nom

d'Avaugour pour ne garder que celui de du Parc;
toutefois, ce ne fut pas absolu, car souvent l'histoire
de Bretagne nous les dénomme sous leurs deux
noms. Vers 1640, une alliance avec la Maison
de Locmaria donna lieu au titre de du Parc de
Locmaria, porté par quelques-uns des membres
de cette Maison.

En 1514, un baron d'Avaugour du Parc était
grand maitre à la Cour de Bretagne; c'est en cette
qualité qu'il parut à la Cour de France aux obsè-
ques de la duchesse Anne.

En 1588, d'Hozier nous cite aussi une demoiselle
Gabrielle du Parc qui épousa M. René de Saint-
Pern. En 1665, les du Parc possédaient la seigneurie
du Plessis. Un arrêt du Parlement de Paris du
12 mai 1640 et un autre arrêt de maintenue de
noblesse d'ancienne chevalerie, en date du 7 février
1671, fait remonter la filiation généalogique, avec
preuves à l'appui, jusqu'à 1405. Ces actes et arrêts
sont aux archives judiciaires à Paris. En 1640, le
chef de nom et d'armes était Yves du Parc. Il avait
épousé Françoise du Dresic; de ce mariage naquit
Jean du Parc, seigneur de Kergadou et de Kerivon;
le 10 juillet 1699, Jean du Parc épousa, à l'église
de Tremel, Mlle Renée du Marquès.

M. Jean du Parc eut de cette alliance un fils,
René comte du Parc, seigneur de Kerivon, Kergadou, Resperès, Coatrescar, Rosampoul, le Marquès. Il fut conseiller au Parlement de Bretagne, en
1730. Il avait épousé Mlle de Giberne, issue de la

Maison Ermar de Kervilly, alliée aux de Rieux, de Rohan, de Malestroit, cadets de celle de Bretagne, et substituée pour les armes à la Maison de Malestroit, éteinte.

M. le comte René du Parc eut de cette alliance un fils, Louis du Parc, qui fut colonel, bibliothécaire de l'hôtel royal des invalides, chevalier de l'Ordre royal et militaire de Saint-Louis, le 29 décembre 1788. En 1814, il était colonel de cavalerie. Ses brillants états de service lui méritèrent d'être fait chevalier de la Légion d'honneur en 1819. Il fut gouverneur de l'école militaire de la Flèche. Il avait épousé, le 17 décembre 1783, Mlle Gabrielle de Guerdavid, fille de René de Guerdavid, page de la grande écurie du roi en 1749, et de demoiselle Marie de Keratry. M. le comte Louis du Parc eut plusieurs enfants; l'aîné, M. Amateur-Maurice, naquit le 28 août 1786, au château de Coatizel, en Bretagne, près Morlaix. Lorsque la grande révolution força la noblesse à fuir devant les orgies sanguinaires qui ensanglantèrent la province, M. le comte Louis du Parc fut obligé de fuir son château du Marquès. Toutes les archives de la famille, depuis 1100 jusqu'à cette époque, furent consumées dans l'incendie qui détruisit le château, incendie allumé par la main des révolutionnaires; des pièces d'argenterie remarquables aux armes de Penthièvre et d'Avaugour furent perdues, et le magnifique château du Marquès, tout construit en granit, ne fut plus qu'une ruine.

M. le comte Amateur-Maurice, né en 1786, avait
sept ans à peine, son père le fit passer avec lui en
Allemagne. Lorsque l'ordre fut rétabli en France, il
revint, en 1805, se présenter pour le service militaire,
son âge l'aurait fait considérer comme déserteur et
son honneur lui commandait de répondre à son
désir de servir son pays. Il fut d'abord employé au
Trésor, à Brest, au septième corps. En 1808, il fut
nommé payeur divisionnaire. Du 27 février 1813
au 12 mai 1814, il fut payeur principal de la
Caisse centrale de la grande armée établie à Wezel.
En 1815, nous le retrouvons officier à l'état-major
du comte de Trogoff, jusqu'en 1822, date de sa
nomination au grade de payeur de la marine et de
la guerre à Bayonne. Mais il n'y demeura qu'un an.
Il obtint son changement et, en décembre 1823, il
fut nommé trésorier-payeur général du Jura. Avant
de partir de Paris pour Lons-le-Saunier, il avait
bien voulu se charger d'une lettre pour M. le
marquis de Champagne, habitant cette ville. Déjà
dans son nouveau poste, on connaissait la conduite
de M. le comte Amateur du Parc pendant la campagne de Russie, alors que, investi de la confiance
de l'empereur et du comte Mollien, ministre du
Trésor, il fut obligé de porter sans escorte, de
Thorn à Riesemburg, une somme considérable en
or, et de même chargé des sommes immenses nécessaires à la grande armée, alors qu'elle était à
Wezel. Il n'eut, grâce à sa vigilance, jamais un seul
déficit à produire, malgré les longues et périlleuses

campagnes dans les provinces russes, sillonnées de cosaques.

M. du Parc jouit à Lons-le-Saunier de la considération que méritaient ses brillants états de services militaires; mais le foyer le plus hospitalier pour lui fut celui de M. le marquis de Champagne. Les qualités de M. du Parc furent appréciées de M. de Champagne, aussi lui accorda-t-il la main de sa fille unique, Mlle Antoinette-Mélanie de Champagne. Le mariage fut célébré à Paris, le 28 avril 1824, par Mgr l'archevêque de Besançon, dans l'église des Invalides.

Mlle de Champagne était la dernière descendante de la branche directe de l'illustre Maison de Champagne, dont la souveraineté et la puissance contrebalança parfois celle des rois de France. D'Hozier établit leur généalogie depuis 980. Cette famille compte parmi ses alliances les noms des de Laval Montmorency, de Colbert de Linières, de Verdelot, de Bourgoing, de Forges, de Montigny, de Chaumont, de Cambray, de Bellay, de Margueric, de Moustier, de Chilly, de Malyvert.

Par les de Laval Montmorency, ils se trouvaient alliés à la famille des princes de Lorraine. La famille de Champagne a fourni un vice-roi de Naples en 1436. Mlle Mélanie de Champagne était fille de M. le marquis François de Champagne et de Mlle Victorine de Malyvert. Nous avons vu plus haut que M. le marquis Guy de Murinais, tué à Minden en 1759, avait eu de Mlle de Saint-Chamond la Vieuville quatre enfants, dont une fille, Mlle Nicolle, épousa M. le comte de Malyvert.

Mme de Malyvert mourut à Bourg en 1778, laissant une fille, Mlle Victorine de Malyvert, qui épousa M. le marquis François de Champagne, au château de la Nelière, près de Lyon. Mlle Mélanie de Champagne, qui épousa M. le comte Amateur du Parc, était donc petite-fille de Mlle Nicolle de Murinais. De son alliance avec Mlle de Champagne, M. du Parc eut huit enfants : quatre fils, MM. Maurice, Charles, Camille et Henry du Parc, et quatre filles, Mlles Ida, Victorine, Adèle et Adelaïde.

Mlle Adèle du Parc a épousé M. le marquis Charles de Murinais, mort en 1872, et M. le comte Maurice a été institué par Mlle Francine de Murinais héritier de la terre de Murinais. M. le comte Maurice du Parc, fils aîné de M. Amateur du Parc, est donc arrière-petit-fils de Mlle Nicolle de Murinais. Nous voyons par là le lien de parenté et de descendance de M. le comte Maurice du Parc avec la Maison de Murinais.

M. le comte Amateur du Parc resta trésorier-payeur général à Lons-le-Saunier jusqu'en 1828 ; il fut créé chevalier de Saint-Louis en 1823 et chevalier de la Légion d'honneur en 1862. Il se retira à Paris, où il est mort en 1863.

Mme du Parc, née de Champagne, est décédée à Murinais en 1886.

L'auteur si savant de l'*Armorial général de Bre-*

tagne, M. Briant de Laubrière, cite les seigneuries qui ont appartenu à la Maison du Parc, et dont voici la nomenclature :

De la Roche Jagu, de Coëtedrez, de Guerand, de Coatrescar, de Treanton, de Leversault, de Kerivon, de la Biardais, de Franmeur, de la Motte du Parc, de Trebit, de Locmaria, de Keranroux, de Kerbizien, de Lezerdaut, de Kergadou, de Kerguiniou, d'Availlis, de la Jobletière, de la Rochelle, de Romilly, de Cresnay, de Verdun, de Bernière, de Patry, de Beaumanoir, de Chênedolé, d'Ingrande, d'Azé, de Chenière, de Saint-Georges, des Touches, de Biards, du Rocher, de Bellefontaine, de Biville, de Cherits, du Mesnil, de Rainville, de Barville, de Billevast, de la Haye.

La seigneurie de Locmaria fut érigée en marquisat en 1637, en faveur de Vincent du Parc, maréchal des camps et armées du roi et président du corps de la noblesse aux Etats de Bretagne en 1653.

Les armes des du Parc sont d'argent à trois jumelles de gueules. La devise : *Vaincre ou mourir*, et le cri de guerre : *Honneur*.

Les du Parc, seigneurs de Kergadou, de Keryvon, de Kerguigniou, de la Biardais, de Treanton, de Coatrescar, de Franmeur, brisent leurs armes d'une étoile de même.

La Maison du Parc, par son origine, est plus illustre peut-être que la Maison de Murinais, mais les alliances de cette dernière ne sont pas moins glorieuses. Les charges militaires remplies par les du Parc pour le service et la gloire de la France sont un honneur qui peut égaler celui de la Maison de Murinais.

Le respect de ces traditions et leur continuation sont assurés par le mérite et les qualités des enfants que M. le comte Maurice du Parc a eus de son alliance avec Mlle Marie du Colombier. M. le comte Maurice a trois fils : MM. Maurice, Henri et Alain, et une fille, Mlle Anne.

Le caractère généalogique de cet ouvrage et le respect pour l'impartialité de l'histoire seront une excuse auprès de ceux de nos lecteurs qui auraient désiré nous voir donner plus d'étendue aux derniers chapitres de ce travail.

Nous avons recueilli dans plus de six mille titres authentiques les éléments précis d'un travail qui sera continué plus tard pour la Maison du Parc de Murinais et qui paraissait actuellement à composer pour les époques reculées, afin de profiter des moyens de l'établir, moyens que la vétusté des titres aurait rendu plus difficiles à nos successeurs.

En écrivant les annales glorieuses par les beaux faits d'armes et l'action bienfaisante de la Maison d'Auberjon de Murinais, nous jetons un regard d'envie sur le bonheur de l'écrivain futur qui déroulera les pages de l'histoire des du Parc de Murinais.

Arrivé au terme de notre modeste travail, notre plus vive satisfaction sera l'intérêt que cette partie de l'histoire dauphinoise que nous avons soulevée aura offert à nos bienveillants lecteurs.

La devise des d'Auberjon : Maille à maille se fait l'auberjon, a été exacte pour nous ; maille à maille s'est fait notre travail ; il le sera pour les du Parc de Murinais : maille à maille se continuera leur gloire, et dans les époques malheureuses que nous traversons nous répèterons avec les Bretons : *Potuis mori quam fœdari.*

TABLE

Contenant le sommaire de chaque chapitre.

———————◦—◦—◦—◦—◦———————

9

Saint-Marcellin, imprimerie Giroud.

www.ingramcontent.com/pod-product-compliance
Lightning Source LLC
Chambersburg PA
CBHW071823090426
42737CB00012B/2165